凱信企管

用對的方法充實自己，
讓人生變得更美好！

凱信企管

用對的方法充實自己，
讓人生變得更美好！

愛自己的31個練習

作者序

本書獻給我最愛的母親－林彩對女士，以及協助此書出版的所有貴人們。

過去只跟工作談戀愛的我，隨著步入婚姻以及在有了孩子之後，一瞬間增加了很多不同的角色，一連串複雜又嘆為觀止的驚險之旅不斷展開。當然過程中有得有失，但這些不同的體驗，現在回憶起來，真是感觸萬千！

這一次，能將平時在上課和學員分享的生活點滴內容集結成冊推出，真心是希望給讀者在生活中遇到問題時，不論是在夫妻、家庭、職場、人際、自我心靈等各層面，提供更多的思考角度，助你重啟心寬之門。

這些年來，疫情打亂了我們生活的種種排程，很多網友跟我說，他們的生活就像電影《命運規劃局》裡演的一樣，時時刻刻都在被改變，人生旅程轉了個大彎，其實，不論是國際市場、世界局勢，甚至是個人生活都有不少的衝擊，例如：生離死別。你，對於人生，是不是也有另一番的體悟呢？儘管活下來已實屬不易，但相較之下，「活得好」更重要，身體平安了，心更要好好的。這一本書是在兩岸三地的讀者喜愛下催生出來的，希望也能陪著大家一同期待、迎接後疫時代的新氣象。

經過疫情時代的沉澱，更讓人感嘆：人生的際遇難料，一路上會遇到什麼人、什麼事，我們不會知道，期待我們一起透過書中的31個愛自己的練習，遇事讓腦袋轉個彎，人生方能更有路，便能日日是好日。

目錄

Part 2 語言的力量

Part 3 旅行的療癒

Part 4 職場人際線

Part 5 放過自己，不完美也可以

第一章

心靈獨立

每一個心念的升起，都影響了未來的行為，佛家云：「起心動念。」年輕的時候，我們如同一張白紙，吸取了什麼樣的養分，就會有什麼樣的成長；慢慢地隨著年紀增長，看過更多的見聞，經歷更多的人事，開始會被不同事件影響心情，如何能讓「心靈」維持不被影響的狀態，唯有持續保持樂觀、積極、開心的心態方能做到，也才能接收更多新觀念，如同海綿一樣不斷地吸收。

[01]

我沒這樣想過耶

快樂不代表事事完美；
快樂來自於你願意跳脫不完美
——Herbert.George

大家相信星座嗎？從小到大，母親是一個細心謹慎的人，而且對子女們愛之深、責之切，相較於她處女座嚴謹的性格，似乎我的散漫不經意，只能用「射手座」來揶揄自己了。還記得國小的時候常被媽媽念：「妳是大條神經嗎？這麼粗線條。」曾經為了這樣的碎念，總是跟媽媽怒眼相向，常噘著嘴生悶氣。直到長大，每回母親提起這樣的詞彙，心裡總是不太甘願，總覺得好像自己不太優秀，不夠符合母親心中的好孩子形象。

有一回我到大學演講，邀請學生上台來分享跟家人相處的狀況。有一個孩子跟我說：「我最不喜歡我媽每次都念一樣的事情，明明我已經考了90分，她還是希望我可以更好。請問老師，我這次考了100分，她就可以不再跟我說要更好了吧？」

我跟她說：「超難的啦！因為直到我現在當了媽媽，我媽還是說我不是個好媽媽，但我本來就不是啊！」

聽到這裡，台下學生都一臉驚嚇，似乎是想要安慰我，「蕭媽媽好嚴格哦！」

其實，不論是那個考90分的孩子，或是我這總被嫌不及格的媽媽，也許在別人的視界裡，我們已經都是100分了，棒得不得了的了；又或者，有些人根本不在意別人怎麼看待或是評斷自己，但本來事情就沒有絕對的好跟絕對的不好，就是看從什麼角度來看這件事情，人與人的關係不也是這樣嗎？

每一個人總是就自己慣性的思考邏輯來推論事情、對人對物妄下定義，別人也許無心的一句話，就能讓自己陷在不安、猜忌的情緒裡不斷糾結，進而衍生出許多的煩惱與心魔。最後可能會發現，原來一切根本都是自己想太多了；或者少數幸運的人，能遇到對方有機會解釋他們的想法，讓你恍然大悟：「欸，我從沒這樣想過耶。」那是當然的啊，因為，我們都習慣了本位主義，所以也總是自尋煩惱！

別做視角控

大家都喜歡受到誇獎跟稱讚吧！尤其是自己的媽媽跟家人，如果誇獎了你，心裡是不是十分開心呢？如果媽媽常說：「哇！你真的好棒！」小朋友就會多吃兩口飯，表示開心；但媽媽若是說了：「看看你，怎麼都亂吃呢？吃飯要吃乾淨。」小朋友可能反而覺得吃飯是壓力了。

最近遇到一些戀愛中的朋友，只要遇到情人節就會想破頭，跑來問我：「到底要送什麼禮物，對方才會喜歡呢？」「要怎麼樣才能博君一笑？」每回遇到這樣的問題，我都超羨慕！哇！在戀愛呀，好棒啊！但不論是談過戀愛的你，或是看身邊朋友談戀愛時，是不是也曾發現，一旦我們過度投入戀愛中，就很容易會開始抱著很多的期待……期待對方的愛、期待對方的稱讚，而在這樣的期待心態下，很容易在戀愛的過程裡，又習慣性地從自己的角度出發去看事情，假如遇到了與想像中不同的結果，心裡就會很失落，例如送禮物這件事，如果對方的反應不如預期，就又會跑來說：「他沒有很開心的表情耶！是不喜歡禮物嗎？還是不喜歡我？」然後就又陷入我們前面說的，開始一連串的不安與猜忌。

也就是因為如此，古今中外才會有人說：「戀愛是盲目的」。而大多數人也很容易陷入這樣的狀況裡，一旦喜歡上了，就習慣性地患得患失，到最後，也喪失了客觀的角度，進一步還可能自尋煩惱，加重了心靈的負擔。

像前面提到媽媽與孩子的故事，不也是類似的情況嗎？其實媽媽的出發點都是好的，可是小朋友總是有期待，想要媽媽喜歡，於是就從自己的視角裡衍生出了許多的喜怒哀樂，但也許媽媽可能真的只是希望你吃飯吃乾淨一點，順口提醒一下罷了，而小朋友應該也沒有這樣想過吧？在人際關係交錯愈來愈頻繁的現今，你是不是也是這樣的呢？總是想太多，總是自己想……若你也是這樣，一定要懂得適時的調整放鬆。

鬆不了別人，先鬆自己

人生最有趣的地方，就是我們總是會遇到很多人，學習到不同的見解跟要求，有優點也有缺點，有成長也有壓力，有時為了快速融入團體跟讓自己快樂，會慢慢磨合成不同形象，而在這個進步的過程中，**如果我們時常想要符合別人的期待，每次都會有小魔鬼在腦海中呼喊：「唉呦，我做了這件事，別人會怎麼想我？」「別人是不是認為我想怎樣？」……想這麼多的你，快樂嗎？**

長大後，我才知道處女座的人不見得都很龜毛；射手座也不見得不細心，星座只是統計參考值，是我們認識人比較快的方式；不要太預設立場，往往設定角色，想得越多，現狀不見得會轉變，要隨時調整心態、期待值，所以，當你下次又陷入亂七八糟的思緒裡時，不妨摸著自己的腦子，在心裡試試這句魔法咒語：「嘰哩咕嚕，我沒那樣想，你多想了！」說不定，就能豁然開朗囉！

[02]

管好自己的一畝三分地

我們衷心期盼之事很少發生，
但意料之外的事卻時常發生
——Disreli, B

家是什麼樣的空間呢？在我開始跑房地產線之後，也跟著提升了一些對於空間的敏感度，每到一個新空間，會讓心思跑野馬一番，四處的感受一下，每每都像是能嗅到了些不同的氣味一般，透過這些氣味來想像體會別人的生活，譬如說：小小的幾坪房子，未來會有什麼樣品味的裝潢，吃喝是什麼樣的食物……哇！每每跑一輪下來總是令人興奮，畢竟想像力是很驚人的！

我們的心就像是一匹在田野上恣意奔跑的馬兒，總是對生活的細節充滿了熱情、樂趣跟好奇，但不論跑多遠，都會需要休息一下，都需要一個安心的休憩空間。

有一天，我跟過去的同事喝下午茶，她跟我說：「她最近剛從冰島旅行回來。旅行前夕做足準備，旅館是看了好幾遍，想像自己躺在國外的大床上，舒適的享受著窗外的美景，入口的餐點是不是如同想像中美味？但是真的去了，才知道夢想成真的滋味有多好，比想像中更好！」

看著她開心地敘述著旅遊的快樂點滴，空間裡充滿了愉悅的氛圍，好棒！但就在她說得眉飛色舞之際，像是想到了什麼，忽然間，她眉間糾結了一下，不耐煩地碎念道……

「一想到就要回到亂七八糟的工作桌，要開始整理層出不窮的工作案，我就覺得煩，這情緒的落差太大，假如時間可以就停在這一瞬間，該有多好呀！」

看她喪氣的樣子，我邊戳著她的腦袋說：「想太多啦！」邊拿起咖啡慢慢喝了一口。待她稍稍平復了心情之後，臉上的表情雖仍落寞，但還是擠出了一個微笑給我，攤攤手，無奈地說：「是啊，慢慢來就好了，總是要面對的，該整理的還是要好好整理一下，只要能偶而逃離一下常軌，就算愜意的了。」

是啊，在某個小角落，有個小小的心田，是屬於自己的一畝三分地，依著慣有的邏輯，讓人安自己的心。

觸不到的心靈空間

大家的房間擺設是什麼樣的呢？你會不會對別人的房間感到好奇？畢竟沒有人邀請，我們又如何可以窺之一二呢？

以前在念國中的時候，我常常住學校宿舍，想像一下，就是一間住著四個人，除了床，下方只有書桌的一個小寢室裡，每一個人為了目標，努力念書。也因為幾乎都住校，所以從沒有想過要佈置自己的房間，更別說想要怎麼佈置了。

有一次，當我從學校回家的時候發現，妹妹的房間竟跟我的完全不同，真的是好可愛呀！暖暖的被單上有著乾淨的肥皂味，放在角落的玻璃瓶裡有繽紛的和紙小鶴，桌子上擺放著兔子娃娃，還穿著手工縫製的衣服，小小房間裡有著滿滿的溫暖。這是我從不知道的妹妹，雖然認識我們姐妹的人，都覺得我們在個性上有點差異，但卻沒想到是這麼大相逕庭。

有一回到高中同學家玩，也驚奇地發現，雖然彼此年齡相仿，但與我的性格卻有天壤之別！

同學的房間很乾淨，所有的衣服都像小豆乾一樣依著顏色、材質、季節分類放得好好的，一要出門，馬上可以拿了就走；甚至連小小的背包，都有個小衣架整齊地掛著，上面還貼著一排字「背包們的家」，真是太可愛了！我好奇的問她：「這是妳寫的啊！為什麼？」她回答我說：「每個背包都陪伴我到不同場合，都是我的好朋友，所以需要一個專屬它們的地方啊。」話一說完，我們倆相視而笑，多溫暖的一個人呀！一個小物，就能完全透露出她戲劇性的性格，還有愛物惜物的美德。很開心在那一個下午，她跟我分享了內心不為人知的小世界。

曾經看過一個居家整理術老師的文章，有一段意思是這樣的：「家中就是自己的道場，每一塊地磚、每一個留心，都是自己的小心思，如果在房子中擺滿了自己喜愛的東西，就可以累積喜悅、平靜跟安心，讓人越來越溫暖跟充滿正向磁場，也能讓別人對自己的性格、思想有更多的觸發聯結。」當然這樣的觀點，目前我還在實驗中，畢竟也不太迷信居家風水，不知道對於提升正面能量到底有沒有實際的幫助！可是，每回朋友跟我分享他們私密的小空間時，就好像邀請我進到對方的心靈一樣，感到無比貼近。

—行為是按心靈模式運作—

在人類行為學中，很多專家都認為，人類的行為會因環境而改變。其實，除了環境之外，應可進一步推論，是依照心靈吸收了環境中的什麼，所以才有所改變的吧！

我記得以前因為很喜歡閱讀，從小就在房間裡放滿了書，但我發現，當朋友來到我房間時，不見得會跟我一樣打開書來看；甚至在多年以後可能根本不會記得我房裡那滿滿的書了，只會記得當時我們在房間裡玩得有多開心的愉快回憶！

每個人都存在著與他人不同的差異性，不管差別有多大，只要能管好自己的一畝三分地，不論任何人來到你身邊，都會帶著滿滿的愉悅跟快樂離開，先讓自己快樂了，自然能感染身邊的人也跟著快樂！

你喜歡看電影嗎？我是相當喜歡看電影的人，在看過了無數的少男少女電影裡，尤以青春校園劇特別耐人尋味。我記得在《藍色大門》裡有一句台詞是這樣說的：「吸收了什麼養份，就會變成什麼樣的大人。」的確，**人總是朝著自己心裡想要的方向走，也許你衷心期待的不見得一定會發生，但卻可能在這一路的過程中因爲吸收了不同的養份，而激發了另一些連你自己都沒有發現過的個人潛力呢！**而這一切，就從管好自己的一畝三分地開始吧！

日期

從 1～10 今天有多開心？

1　2　3　4　5　6　7　8　9　10

[03]

老莊安之若命

人生有百分之十在於你如何塑造它，
百分之九十在於你如何看待它
——Berlin, Irving

東方的命理文化相當特別，人們在呱呱落地那一刻開始，這人生大半輩子的命運就開啟了，而多數有心的父母，還會特意的挑個生孩子的良辰吉時，期待孩子們的命格從出生的那一刻開始，先天就是金枝玉葉、大富大貴。

而打從娘胎就背負著父母期待的孩子們，也不見得都會照著所謂「好命格」的人生劇本演出，因為即使是天定的命，還是會隨著不同時運所遇到的事件產生波折轉變，導致際遇不從人願，這就是古人常說的：「命定尚有運可轉」吧！

年輕的時候，我很喜歡追逐星座運勢，甚至跟朋友們一天到晚到處算命，不論是星座命盤的角度、宮位落點落在哪兒，或是紫微斗數的流年運勢；命座紫微、文曲星，那20～30歲適合什麼工作、能遇到怎麼樣的對象、未來的發展……尤其在人迷惘拿不定主意的時候，都希望可以得到些許指點，冀望藉由「一張紙」說完一個人的人生故事。

現在回頭看，雖然覺得相當輕率，也不太科學，但對於當時那一堆對未來充滿好奇與無限憧憬的年輕人來說，卻是很重要的心靈寄託，所以總是屢算不爽、百問不膩，心情也隨之波濤洶湧。

有一回我去算命，算命老師跟我說：「蕭小姐，妳的命很好，先生會帶來富貴！」我反問他：「那若是我這輩子不結婚呢？那富貴不就沒有了。」

「不會的！如果沒有結婚，妳就會自己努力，命中就是會有富貴。」老師很有自信的回答我。

當下，心裡想著：「這有說不等於沒說！」著實很想把剛剛付的算命費給抽回來。

隨著年紀增長，看多了、聽多了也能自己悟出個道理：富貴即使命中注定，但如果後天不努力，或遇到時運不濟，未來還不是無法掌控嗎？但當時的我，年輕、激進，對於未知的一切還是有很多意見，殊不知，生命的輕重往往要順其自然。

先安自己方能順勢而為

有一回同事們聚餐，我們談起算命這件往事，在座的每一個人幾乎都承認曾幹過這樣的事，想起以前求神問佛算工作問感情的種種，大家都笑了。

「大部分會尋求算命的人，可能是想要聽聽看別人的意見吧！」這些已經在社會各大產業擔任中高階主管的朋友們這樣回答我。

我笑著問：「為什麼呢？」

A朋友說：「因為年輕吧，還不夠了解自己的個性跟脾氣，想要知道在茫茫職海中，自己到底該做什麼樣的工作？或是這個工作到底適不適合我？」

B朋友說：「這樣說也是。不過我也有遇過一位協理在50歲時轉職要去任副總，50歲應該夠了解自己了吧！但為什麼在任職前，還是要寄託於摸骨神算呢？」

對於這一點我真的很好奇，原來「算命」這件事情不分男女老少，不論到了幾歲，大家都還是有這樣的興趣。

朋友認真地說：「其實，可能也不是這樣的，或許那個人很了解自己的優缺點，只是想要知道大環境的狀況，畢竟換了環境還是會害怕跟擔心。」

朋友語畢，年近不惑的我們倆，相視而笑，是一種會心的微笑，因為我們心裡都清楚知道，人其實沒有自己想像的堅強。

當時忘了繼續追問大家，那時候算的各種命到底準不準？有沒有用？其實我自己也記不清楚了。不過，可以確定的是，不論是經由星座、命盤或算命時看到的或聽到的建議之後，心情好像會比較安定一些，比較不會再那麼混亂或不知所措，是一股很奇妙的力量。

所以，莊子說：「安之若命。」**如果可以把自己的心先安定了，就可以理智冷靜地去判斷生活中的各種狀況，進而改變命運；**樂觀積極的人，在面對事件的同時，會用開朗正面的態度以對，當然事情就愈容易往好的方向發展，好運也自會一直跟著來囉！

一把握當下的瞬間轉念一

很多時候我們一遇到事情，情緒會先上來，會覺得委屈、不開心跟吃虧，想要發脾氣，當然就沒有時間可以進一步想清楚事情的前因後果、來龍去脈，但若是過度壓抑都不說，久了也不是一件好事，因為生活中不如意的事情，十之八九，悶久了可是會生病的。

但生活中的事情就如同浪潮般一波波打來，到底該怎麼處理這樣可能會頻繁發生的狀況呢？學習把握住當下的轉念吧！就像剛剛提到的中年轉職，或是突然間公司倒閉，感覺恐慌，心情七上八下的……當事情真的遇到了，要先搞定自己的心情，才能好好地處理狀況，讓命隨運轉。

有人說：「有天皆麗日，無地不春風。」如果事情不如當時的安排，沒關係，那就先這樣吧，或許反而會有更多、更好的選擇，當這樣的思維邏輯養成之後，人生就會有更多正面的想法出現也說不定，生活中十之八九也大都會是如意的事了。

日期

從 1～10 今天有多開心？

1 2 3 4 5 6 7 8 9 10

[04]

鬧鐘，它今天罷工

讓生活來到慣性的平衡，
找出並終結惱人的因子

鈴鈴鈴～鬧鐘響了，睜開眼睛了沒？是真的睜開眼睛哦。你的第一個動作會是什麼呢？是聽到鬧鐘響馬上就跳下床，還是冷冷的天氣，還想要在床上多賴幾分鐘呢？這些問題，可能很少人自我覺察過。

最近看了一部很有趣的日本電影，劇中是描寫一位日本男性上班族，才剛剛踏入社會過了試用期，因為擔任業務員的角色，所以每天踏進公司的第一件事就是開業務會議……電影畫面的一開始，就是一片黑，讓人感到心情相當沉重！對應外面的一片陽光普照，是小房間裡那業務員剛睡醒還沒開機的腦袋，導演用一片黑壓壓的畫面來表現，十分貼切。

這讓我回想到過去的國高中時期，當時真的很想要拿個全勤獎，但對我來說卻比考全校第一名還難！

也許大家會說：「真的嗎？只要每天準時起床就好了，不是很容易嗎？」

沒錯！但明明我們的宿舍就在學校對面，而且都有舍監、室友，我還設了鬧鐘，但就總是有想要賴床的時候，尤其是學年才一開始，就覺得自己應該是撐不下去，乾脆就直接放棄了。所以嚴格說起來，拿全勤獎這件事，一直只是想想而已。

有一次，我把這件事情跟高中同學分享⋯⋯

我問她：「為什麼妳們都爬得起來呀？我每次都設了好幾個鬧鐘，卻搞得自己失眠、睡不好？」

同學回答我：「妳也太扯了吧？不如不要設鬧鐘，我叫妳起床好了！」

不知道為什麼，剎那間，我心情好了一大半，雖然還不見得有效，但是「不要用鬧鐘」這件事情，怎麼讓我那麼開心呀！

後來，同學果然照她說的，每天早上她一起床就把我也一起叫醒，那個學年我終於拿到了全勤獎，而且，每天睡得很飽，「鬧鐘」一直到我畢業之前，都沒有再上工過。

出了社會之後，我北上工作，上班要「準時打卡」這件事情又成了我新的困擾，為什麼呢？因為同學已經畢業了，沒有人可以再幫我分憂解勞了。

「妳真的很扯！自己自律就不用麻煩別人了，不是很好嗎？」我把這件事情跟妹妹說，得到了這樣的回應。

「哪會！其實我才不怕遲到，也不怕鬧鐘，只是習慣了把鬧鐘按下之後，總還想賴床一下。」我心虛地辯駁著。

「說穿了妳就是不想上班啦，如果出去玩，不用鬧鐘也能很早就爬起來準備了。」妹妹一邊戳著我的包包，一邊吐嘈一大早起床打扮為等下要出門看電影的我。

「被妳看穿了啦！真是知姐莫若妹妹妳呀，這麼輕易就突破了姐姐的盲點。」兩人就在嘻笑當中，竟也找到了問題的其中一個答案。

讓答案浮上來並接受

隨著年紀的增長，我發現每個人都有越來越多的「鬧鐘」，我將它稱之為「行為警鈴」。

以前剛進入職場的時候，我常常閱讀有關專業經理人的書籍，我記得有一個內容很有意思：心理學家根據生活作息、習慣將人分為「晨型人」與「夜型人」兩種，這兩種人分別具有不同的人格特質，只要藉由測驗就能了解自己的思維運作方式，看看自己是哪一型的人，進而從中將優點放大、缺點補強，並從生活中將好習慣培養起來，讓自己能與成功更接近。經由這個研究，讓我了解到「習慣」對一個人的影響有多大，甚至影響一個人的成功與否。

在過去20歲、30歲的那一個階段，我曾經經歷過一段挫折時期，就好像回到高中時代，生活裡多了很多個行為警鈴，無時無刻不在提醒我：「對！時間到了就要做到！」那如果沒有做到呢？可以想見那幾個警鈴同時鈴鈴鈴地不停作響，就好像人生中的無數個鬧鐘同時響鈴大作一樣，搞得人異常緊張、身心疲乏。原本是想以開心正面的方法把好習慣養成的，但卻不知不覺在無形中被制約，好習慣還沒來得及養成，反倒在心裡累積了不輕的重量，壓力更大。

再跟大家分享個小故事：

有一個老和尚，養了一株蘭花，有一天他要出遠門，他跟小和尚交代要好好照顧蘭花，每日都要澆水。過了幾日，老和尚回來了，小和尚卻不見了。老和尚花了很多時間，終於在市集上找到了小和尚……

「你怎麼不回寺廟呢？」老和尚問。

小和尚說：「因為有一天狂風暴雨，我忘了把蘭花收進來，被風吹倒了，破了、花也死了，我很擔心師傅回來生氣，我趕緊出來買新的蘭花，可是一直買不到，我也不敢回寺廟。」

老和尚摸著小和尚的頭說：「真乖，你已經做到你的責任了，也養成灑掃的習慣，但是我養蘭花不是為了生氣的，回來吧！」

聽完了上述的故事，再和一開始我們所提及的日本上班族電影做對照，是否也讓大家想到生活中的幾個場景呢？哪些是讓你常常警鈴大作的瑣事？每回遇到這樣的瑣事，就讓你的人生畫面從彩色變成黑白的嗎？有沒有像我高中一樣的好運氣，有好朋友一起分擔？或找出可以改善的答案？其實，有時候答案常常會不經意地在心情平靜時浮上來，只是多數人或許知道卻不能接受，就像我自己本來就容易緊張，越是設定鬧鐘想要拿全勤，就越是表現不好。所以下次**當你也有想**

要完成某件事而自己一個人無法做到的時候，別忘了多尋求外力的協助，不要總是一個人硬撐哦。

一惱人的原因，不用消除只要接受一

大家喜歡達文西嗎？在涉獵藝術的領域中，我發現畫作與作者的人生觀有相當重要的關聯性，我很喜歡達文西畫作中的平衡感，對於人的身體以及事物都帶有一種平衡與力量的美感。

很多時候，我們不也在追求一種質感與藝術平衡的生活嗎？我們希望擁有好的生活品質，卻也懂得緩步前進去追求想要的生活目標，不論是物質、金錢、甚至靈魂的提升。或許在人生藍圖的勾勒上，也少了點什麼，多了點什麼；可能是惱人的部份多了點，放鬆的部份少了點，不論如何，都要均衡的分配，就像是一幅美麗的山水潑墨畫，也需要留白來平衡，不是嗎？

一幅畫在起手的時候，我們畫下了第一筆，進而我們想要開始發展勾勒線條，當慎重而沉穩地在思考、尋找好下筆的位置時，那些會因而產生的惱人因子，就接受了吧！如果這些惱人的狀況，並不會影響整體畫作的運行，接受它又何妨呢？何必為了這些點，破壞了構圖的面，甚至氣急敗壞地摔了筆，連畫下去的意願都棄之不顧了呢？其實，只要無傷大雅，偶爾放過自己，take it easy，真的沒什麼關係。

人生的平衡點，完全取決於己，畢竟只有握在自己手上的那枝筆，才能畫出屬於自己最獨樹一格的人生畫布。

日期

從 1～10 今天有多開心？

1 2 3 4 5 6 7 8 9 10

[05]

有效率不等於「有效果」

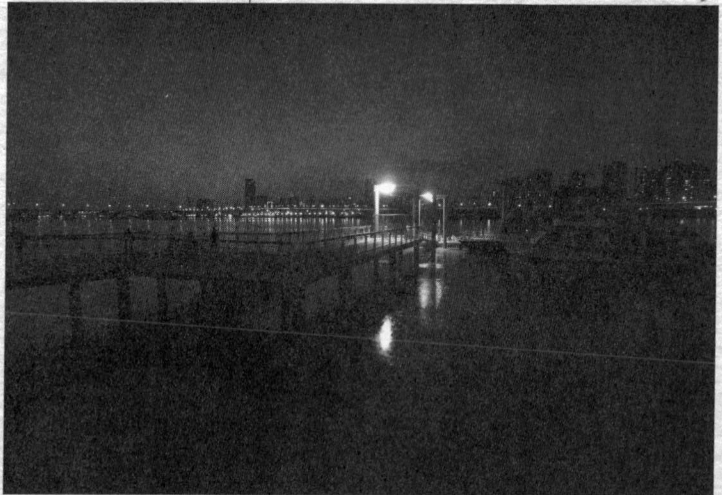

唯有不幸的人，才願意承認命運的力量；
享受幸福的人把成功歸於自己的精明與長處
——Swift, J

演講的時候最怕遇到一種人，就是非常喜歡做筆記，可能也是筆記控，在聽演講的過程中，手上的筆電鍵盤沒有停過，啪啦啪啦地打個不停，就好像是專門的會議記錄高手，演講結束時，就可以有一份相當完整的電子檔，感覺上效率極高。但是過了幾個月，我在其他講師的演講上又遇到了那個做筆記的人，閒聊了一下……

「上次講師教的方法用得如何？我有小試一下，你呢？」我試著問。

對方丈二金剛摸不著頭腦地說：「什麼？哪一場？我都忘了他講什麼內容了。」

看似有效率的模式，就會有預期的效果嗎？答案是：見仁見智。

每年到了歲末年終，當耶誕鐘聲響起時，我們的思緒總會跑馬一番，回顧這一年做了哪些改變，甚至會在新的一年裡設定一些新的計畫。多數人都會沿用自己慣用的方式來設定，可能是旅遊、可能是拜訪老朋友，甚至去進修學習……自從出社會之後，常常會有不同業界的朋友來家裡喝茶聊天，這樣的話題，幾乎每年都會來一次。

朋友A說：「如果要花錢受罪上課，不如爽爽地去看場電影、去一趟旅行，何必要坐在課堂上，讓自己這樣的緊繃？」

朋友B說：「哪會！老師已經幫我們素材都精煉過了！精益求精很有效果。」

朋友C則說：「你們兩個都對，不過我倒是沒有想這麼多，順其自然就好，日子一天天過，生命自己會找到出口的。」

不同的人，對於自己時間的運用或規畫都不盡相同，若真要比較哪一種方法比較好，唯有將效率數字化，方能顯見。至於計畫在落實了之後，是否真能得到或達到想要的效果，就只有自己心理最清楚了。

效率，離幸福還有點距離

在過去幾年裡，我曾經擔任過總經理的特助，那一段時間，每到歲末，我都會盡量努力地把明年的行事曆填滿，甚至會以收集每年的工作日誌作為榮譽，畢竟，在坊間許多的專案管理、表格規畫的書都教大家，只要能夠好好確實地落實工作計畫，就可以馬上提高自己的工作效率。

在初期，照著專家的說法認真的執行目標，做好時間管理，我確實在工作效率上有明顯的改變，多了不少餘裕的時間，每個業務朋友都跟我說：「妳真是個有效率的人！天道酬勤，老天爺一定會給妳很豐厚的收入的！」當時還20歲初頭的我，也天真的這樣以為，但是後來發生了一些事情，讓我的想法改變了。

工作運一直很不錯的我，到了快30歲時，不僅僅把自己管理的相當好，工作也很順利，從小小業務變成了業務主管，薪資也跟著翻漲好幾倍；也因為從事的是珠寶方面的工作，所以也相繼去了上海、澳門看展覽，那時我真的深信「效率」就能創造幸福。

可惜，事與願違，有一回做身體健康檢查，才發現，我因為長期的動腦跟業務工作的作息不正常，導致體能狀況不佳，必須要休息調養一段時間，結果公司竟然很快的就立刻找別人來取代我的工作！我很挫折，也很難過，畢竟一直以來我的能力是建立在效率上，一個人可以當成好幾個人用，這也是我一直上課學習所追求的目標，結果竟在目標達成時，反而因為健康的因素，必須要放棄，而且直接被取代。

反觀我老公，跟我完全不一樣，他是一個相當重視「結果」的人。我和他是大學同學，從求學時期看他就是悠悠哉哉地面對課業，出了社會仍是一派輕鬆地面對工作，這樣的態度有時候甚至會被我嫌棄……

「我都沒有看到你花時間同時做很多事情，效率好低啊！這樣不會每件事情都有好結果的。」

但他總會笑嘻嘻的回我說：「只要把一件事情做好，只做一件事情，成效高就好了啊！」他這個理論，從他在投資理財上的方式來看就能窺知一二。

對於「理財」這件事情，我老公的股票投資永遠是放5年以上，可能從一開始的1萬元最後變成了5萬元，從成效上來看的確是不錯；但是因為我重視的是效率，希望在短短的一兩年間，就可以從1萬獲利變成5萬，於是我一天裡就要花很多時間去觀察股市，一兩年下來，不僅要投入很多時間不斷地花心思去關注股票的變化，過程中的壓力也是一大心理負擔。

但相較於我老公的方式，他雖然花了5年時間才得到與我相同的投資成效，但他5年裡可是舒舒服服的把時間都用在跟家人相處上，不僅生活品質大大的提升，也不用整天看股市，心情七上八下、提心吊膽的，單就「結果論」來說，或許還比我更勝一籌呢！

快思慢想的樂趣

從上述的幾個生活體驗中，我想要跟大家分享的是，其實人生裡會有許多不同的選擇題，如何做出對的選擇，是需要不斷練習的，就像一開始說的「上課學習」，如果大家只是記錄了資訊，卻沒有落實在生活中，那再多的學習也只是「看起來有改變」，而非真正影響了你的生活跟未來。

「做決定」其實是很難的，像我常常跟我老公為了今天要吃什麼而煩惱，雖然這聽起來很好笑，但卻真的是這樣。

年輕的時候，沒有這個煩惱，因為吃什麼都好，從沒擔心過身體能不能負擔；但邁入中年，開始懂得養身，知道要選擇性的吃東西，吃了好東西才會讓我們身體健康，若是和年輕時一樣，總選擇效率高的速食，雖然會飽，但對健康卻一點都沒有幫助，這就是一種選擇。

在《快思慢想》（註1）這一書中曾提及，我們每天一睜開眼就是一個選擇，有時候我們會想很久，有時候我們沒有時間想，也就是因為如此，**面對人生抉擇，我們需要常常練習，練習有意識的做出決策，不爲求效率而貪快，如此才能在生活中延伸出不同的樂趣**。人生中的許多課題不也如此嗎？除了憑直覺，也要三思而後行。希望大家慢慢進化，不論任何事情，都能藉由快思慢想，抉擇出一個更適合自己的方式。

註1：《快思慢想》原著「康納曼」，譯者「洪蘭」，天下文化2012年出版

[06]

種瓜得瓜，種一得二

抓住機會，你就不會對過去可能
發生的事情感到遺憾
——Ransome. Arthur

大家有玩過桌遊嗎？有一陣子真的非常流行呢！不僅僅可以運動腦袋，也可以增進彼此的感情，所以常常是大家聚會時的好消遣。其中，有一款遊戲很像我們兒時玩過的「大富翁」，裡面同樣設有可以抽「命運」與「機會」牌局的機制，當玩家手持很多籌碼在地圖上行動跟冒險時，可能隨著你擲出的一顆骰子，或是抽出的一張牌，就能扭轉整個局勢，創造不同的結果，誰能勝出？不玩到最後真的很難說！

這也讓我聯想到很久以前，有一部由羅賓威廉斯主演的電影叫做《野蠻遊戲》，電影中描述孩子意外地打開了一個遊戲盒子，結果竟透過遊戲穿越進入了真實的野蠻叢林裡，親身經歷遊戲中被蠻荒動物追趕、被人獵殺的情景，每回發展到千鈞一髮之際，總因為抽了一張新牌，戲裡的主人翁才得以逃過一劫或是扭轉命運。還記得當時和老公一起看這部電影的時候，總不時會為了劇中人的驚險發展而倒抽一口氣，因為，永遠不知道下一關他們會抽出什麼樣的牌？會有什麼樣的發展與結果？

有一句話說「戲如人生」，的確，人生不也是如此嗎？我們可能會在不同的時間點，隨著不同新牌的出現或是選擇，人生就有了戲劇性的變化，尤其這些年來，看著身邊朋友的遭遇，更是感觸良深。

還記得多年前的一個深夜，接到一通大學同學Josephine來的電話，同學在電話中聲音模糊不清地說：「小合！我家燒掉了！」我聽了心一驚，瞬間整個人都清醒了！

「怎麼會這樣？」我驚訝地問。

她無力地說：「室友使用吹風機走火，不僅我幾年來所買的東西一夜之間全沒了，還可能要被房東一狀告上法院，我現在看著一片焦黑的房子，心情真的很難平復，為什麼我這麼倒楣？」

從大學時期開始，我和Josephine就一直保持很不錯的互動，至今已經有十多年了，她是一個相當專業的媒體公關人，不到30歲，就已經在我們人人羨慕的知名公關公司上班，比起同儕，不論是在待遇或生活上，都過得優沃許多。但任誰也想不到，因為室友的一個不小心，一把惡火就燒光了她的一堆財物跟生活，之前的所有辛勤結果也付之一炬！

因為這樣龐大的財務損失，一時之間，讓她的生活陷入低潮，還好有朋友們的物資協助方能度過，但這也讓她毅然決然的辭掉工作，決定到澳洲打工，打算在30歲之前，改變自己的生活，一切重新開始。

—未知，需要冒險與勇氣—

戲劇化的人生改變，會帶來喜劇收場？還是悲劇結尾呢？不去嘗試、不去面對，大家永遠不知道結局如何。也許你周邊有遇過類似Josephine這樣經驗的人，可是大多數的人，只會不斷地埋怨自己的命不好跟運氣差，不會去轉換環境或尋求解決的方式，甚至重新冷靜下來思考，這個人生出了什麼狀況？又該怎麼改變？很慶幸，我的朋友是一個相當正面積極的人，她不是只會自怨自艾，而是確實地用行動來改變這不如人意的現況。

後來，她在澳洲旅行了一陣子之後，發現30歲之前的生活模式原來並不適合自己，原本的工作雖然也很好、生活也不錯，但是「尋找自我」更是重要！於是，她開始接觸自助旅行，到各國遊歷，在短短5年內運用自己過去的公關資源與社交能力，藉由不斷地廣交朋友方式，到歐洲、美國、大西洋用換宿的方式來旅遊，沒想到，這幾年下來，竟成了炙手可熱的旅遊背包客，四處受邀到國內的公家機關演講跟分享，給大家滿滿的正面能量。

還記得當年她要踏上這條路的時候，也很掙扎、充滿負面情緒，覺得自己做不到，在電話中不斷地說著重複的話：「為什麼幸運的事情，都不會發生在我身上？」、「我真的可以做些什麼嗎？可以改變什麼嗎？」

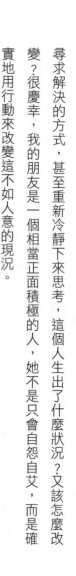

如今這些糾結隨著勇氣跟行動，早就已經改變了她的命運，也打開了無限寬廣的視野。很快地10年過去了，年近40的她跟我說：「小合，我當時候只是想改變些什麼，而且就真的去做了，沒有想到結果超乎意料地令人滿意。」

人生，隨時都可以轉彎跟前進，也總是會帶給我們很多機會跟運氣！不要想太多、也不要再猶豫，就大膽地抓住跟行動吧！

種瓜得瓜不是因果，是行動的結果

每一回我在分享這個朋友的故事時，很多長輩都會回饋我：「種瓜得瓜，種豆得豆，有因必有果，這是種好因得好果。」

而我總忍不住貧嘴說：「才不是呢！種好因不見得一定會結好果啊，只是雖然無法預期，但我們仍必須做些什麼，因為改變總是好事！」

不是有一句話說「無心插柳柳成蔭」嗎？面對事情不需太預設立場，既然我們無法掌握別人或決定事情的結果，唯有讓自己即刻行動起來，或許會有意想不到的收穫，不是嗎？

在與長輩的聊天過程中，我雖不認同「種瓜得瓜」的說法，但卻非常肯定「福田心耕」，當我們用愛心、用行動灑下了善意的種子，並耐心地灌溉、施肥、除蟲，運氣好、天氣好，也許是個豐收年；但是如果運氣不好，種子也許就被鳥兒們吃光光了，可也讓我們勞動健身學到了經驗呀！我相信只要能秉持著善心善念的行動、踏踏實實的生活，生命自然會給我們最好的安排！

日期

從 1～10 今天有多開心？

1 2 3 4 5 6 7 8 9 10

[07]

現代杞人亞健康

沒有時間享受歡樂的人，
遲早只能騰出時間生病
——Wanamaker, John

常常聽到有人是累出病的；那有沒有人是閒出病的呢？

有一回，因為工作上的因緣際會，我去採訪綜藝大哥大張菲，那次是我第一次見到菲哥本人，聽前輩說他已經退休了一陣子，每天過著遊山玩水的日子；最新興趣是騎哈雷，車庫裡擺有很多輛珍藏品。因為前輩說訪問時間不長，所以我做足了功課，打算訪完立馬走人，沒想到，菲哥佛心來著，採訪時不但滔滔不絕，而且還主動說要拍合照，對於我一個小小記者來說，能跟偶像合照，真的是天上掉下來的禮物！

在結束工作回程的路上，我與前輩閒聊，他說：「菲哥少了點以前做節目時的霸氣，但看起來體態依舊保持的很好，現在退休享福囉！」

可是我心裡想的是：「菲哥是在綜藝界這麼有深度的大哥大，以後看不到他的風采，該有多可惜！」

突然間，我冒出了一個想法，我跟前輩說：「人很多時候是累出病的，但是像這樣長期在鎂光燈跟舞台下的人物，總是需要掌聲，需要適度的腦內啡，如果閒下來太久，完全沒有壓力，會不會也閒出病呢？」

前輩敲敲我的頭說：「妳也想太多了，我們連飯都吃不飽了，還是先想想交稿日期吧！」

「對吼！採訪的時候真的好開心！講到氛圍處，我恨不得馬上打出來變成文字。」

工作的開心取代了多餘的煩憂，心裡在那一刻真心覺得，能夠繼續現在的工作真是太棒了！每天可以做自己喜歡的事情，又可以生活溫飽，該是多令人雀躍的事情啊！

「壓力總是雙面刃：為自己找壓力」

在職場上，每個人都有適合自己性格的工作位置，尤其30歲過後，更具明確性。有時候，我們會看到一些人明明是屬於冒險性格的業務單位，早期周旋在客戶之中，游刃有餘、悠遊自在；後來，升遷到了主管職，卻常常是一臉疲憊，甚至會開始抱怨自己壯志未酬，每天在辦公室裡洽公，如同一灘死水。

「您在開會時，也接觸了不少人事物呀！」

「這些我早就已經熟悉了，型態都是固定的。」

經過前輩分享，我才了解，原來過了人生的衝刺期，大家都會進入另一個穩定的階段，只是生命應該要浪費在美好的事物上，生活裡要有不同的挑戰跟有意義的壓力，才會有足夠的成就感！

不過，要怎麼樣才能為自己找到有意義的壓力呢？有一次，在大專生發展協會上課時，有一個面試的現場演練……

我問同學：「想要找什麼樣的工作？」

A同學會回答：「不想要太累，不然會被操死。」

B同學：「要有挑戰性，但是達成之後要有成就感！」

請問，如果你是面試官，你會想要用哪一個呢？其實從兩個人的回答裡不難發現，有些人不是害怕改變，而是害怕改變後的挫折感，所以如果可以從累積小小的成就感開始，也許就能從壓力中找到快樂的來源。一如我們從不會煮飯，到可以煮出滿滿一桌的佳餚美食宴請朋友，吃過的每一個人都說：「好吃！」是不是比做飯給自己一個人吃來得更開心呢？

先停止不斷地擔心吧！找點不擅長的事情來做，從最容易上手的方式再用漸進式的方法開始，就像烹飪，先學會煎蛋，如果覺得煎蛋技術變好了，就加點蔥、加點蝦仁，做個蝦仁炒蛋。試著改變原有的工作型態，接受不一樣的建議與嘗試，加一點點壓力給自己，重要的是要帶著愉悅的心情，才能讓工作效率越來越高，生活也能更多元跟充滿多變的可能性。

忙碌的人沒時間生病

有一回我去採訪醫師，在與醫師們閒聊時問：「為什麼以前的農家人沒有現在的文明病？」

醫師悠悠地回答我：「以前的人沒有時間生病，因為三柱清香敬天愛人，每天都要勞動也要觀察天象，沒有時間亂想，複雜的資訊也沒有那麼多。」

仔細一想，確實以前的人們較樂天知命，每天要花很多的時間觀察周圍的事物，一花一天堂，一沙一世界的，哪有時間想其他有沒有的；更不會有網路上一些亂七八糟的訊息，也很少因為別人的負面消息而煩心，所以能常常笑口常開。

反觀我們現代人，不論在捷運上或是公園散步的時候，常會看見很多退休的老爺爺老奶奶皺著眉頭，開口閉口提及的都是家裡惱人的兒女子孫及生活瑣事，不然就是新聞裡的負面消息，再也沒有多餘的時間和心情去欣賞生活裡美妙的點滴了。

淨空自己杞人憂天的心思，找點樂趣來增加生活趣味讓身心都健康吧！**凡事只要開心的去做，做了只會讓自己更開心，再將這股正向能量感染身邊的人，就真的能忙得快活，過個快活人生了。**

日期

從 1～10 今天有多開心？

1 2 3 4 5 6 7 8 9 10

第二章

語言的力量

在「北風與太陽」的童話故事裡，北風和太陽打賭，要讓一個旅人脫去外衣。北風努力地吹，旅人只是把外衣拉得更緊；而太陽盡情地給予溫暖，旅人輕易的就脫去了外衣。如果我們人與人之間的防備心就像這層外衣，適時地透過溫暖的語言拉近彼此距離，而不是用冷嘲熱諷讓關係更疏離，相信人與人之間的關係一定能更和諧、更緊密。

[01]

小蓋菜的逆襲

直到我們成為了父母，
才會明白父母之愛
——Beecjer, H.W.

人，會因為什麼樣的事情而改變呢？

有一回，我到一貫道演講，跟一些長輩們分享：「我很感謝我身為一個女兒，現在是一個媳婦，也是一個媽媽……一直到我婚後進入了另一個家庭，生活才得以改變及圓滿。」有感於一直以來，我都是在原生家庭中長大，習慣了父母的生活教養方式、應對方式，所以在行為模式和觀念想法上，也脫離不了原生家庭的框框。拿說話方式來舉例好了，可能因為彼此太過熟悉，常常一句貼心或體己話，卻只能說到嘴邊，到不了心裡，一直到我結了婚，開始和公婆一起生活，許多的習慣才慢慢調整，也才漸漸適應有別於原生家庭的相處及表達方式，變得更能用圓融的心來對待身邊的人，這對我來說是很好的一個改變。

又有一次，我去北投演講，在中間休息的空檔，一位老媽媽來跟我哭訴……

「蕭小姐，以前我的女兒什麼都聽我的意見，後來她變成老師，我想要再跟她講些人生道理，她反而都說不想聽！我覺得好傷心，覺得自己很沒有用。」

聽完這位媽媽的話，內心一陣心疼，我安慰說：「不會的，妳的女兒還是很愛妳的，只是她長大了，選擇更多了！」

在父母的心裡，孩子永遠是孩子！我們可以理解，那位老媽媽的女兒變成了老師，學習了很多道理以及知識，所以，她也想要讓媽媽知道，自己已經成長了，不用過於擔心。但也許是因為尚未為人母，無法感受母親的心情，所以，在回應時過於直率，忘了要用更委婉、更圓融的口吻來表達想法；而這心情，或許要等有一天，當這位女兒也有了自己的孩子，也當了父母，而孩子像面鏡子似地反射自己曾有的言行時才能體悟吧，也才可能是妳和父母間親子關係轉化的開始。

經由那位老媽媽的事件，也提醒了我自己：換成是我的女兒這樣對自己說話，該有多讓人難過呀！」每次這麼一想，就再也不敢那麼直率、不加修飾地對媽媽亂說話了。

說話的訣竅：把對方放在心上就對了

近幾年，在準備演講的過程中，閱讀了很多不同的書籍，遇到了很多的學者，開始讓我領略「正向言語」的力量。在蔡康永的《說話之道》一書中，我很喜歡其中一句話：「說話沒有別的訣竅，就是把對方放在心上。」短短的一句話感覺很簡單，可是實際執行起來，卻需要相當的敏銳度跟樂觀的心態，才能做到。

還記得當年我嫁入夫家時，曾經心裡很惶恐，因為以往在家裡當小姐習慣了，我那時的人生只有不斷地學習以及工作，從不曾下過廚房，母親也總是順著我們的口味，準備暖心的飯菜，因此一直到了30多歲，十指未曾碰過陽春水，所以當時就很擔心因此被公婆嫌棄。沒想到，我相當幸運！他們不僅不介意，家裡竟然還有一位善於料理、也愛做料理的公公，讓我可以餐餐爽爽地吃著不同口味的美食，真是讓我覺得太幸福了！

在與公婆同住的那一段時期，發生了一些有趣的小插曲。

「爸，這是什麼？」有一天中午我夾著一片綠色的葉子問公公。

「妳沒有吃過『小薹菜』呀？這是長年菜的一種，有點苦味，但營養成份很高。」

「哦！好的，我明白了。」聽完了公公的介紹，就秉持著良藥苦口的心情跟自己說：「這很營養很營養，對身體很好，要吃完。」

可是，在連續吃了一個星期之後，我心裡升起了一股對小薹菜的恐懼感……

「下一餐又有小薹菜了嗎？」但是我又不知道該怎麼跟家裡的公公大廚說這件事，因為可以吃家人煮的飯，已經是很幸福的一件事了。

於是，我轉向跟老公求救，問他到底該怎麼辦？他說：「妳直接跟爸爸說就好了，他不會介意的。」

我左思右想，終於提起勇氣在吃飯的時候跟公公說：「爸爸，小蓋菜真的很營養，我最近便秘的狀況也少了很多，不過，我還是不太習慣這苦味，我可以吃小份一點嗎？慢慢適應一下。」

公公邊夾菜邊笑我：「看妳個子那麼大，竟還怕苦？都已經當媽媽了，要記得，不能挑食呀！」我難為情地吐了吐舌頭，雖然都已經為人母了，但在公公面前，我還是個怕苦的小女孩呢！

這件事情最終能夠圓滿解決，我想主要就是因為我「在乎」的心，有把這件事放在心上，所以說話就會特別小心，再適時地撒點嬌、耍點賴，才讓事情有好的結果，也應了蔡康永說的，說話沒有別的訣竅，把對方放在心上就對了。

易位而處，方能開放心胸

母親看我跟公公關係很不錯，反而問公公：「我女兒脾氣很硬，怎麼講都講不聽，光是偏食這一點，從小就讓我傷腦筋。你是用什麼方法，讓她聽話？」公公說：「沒有耶，或許她比較怕我吧！小孩在自己家總會恃寵而驕、任意妄為的！」大家笑成一團，原來，就是這樣簡單的道理。

家庭成員的互動，其實就是人際關係的小型縮影。同樣的道理套用到職場上，我們不難發現，有很多的社會新鮮人，隨著在一個辦公室的環境待久了，從一開始的戰戰兢兢到後來說話愈來愈沒大沒小、失去分寸，全是因為同事間如自家人般地疼愛，親則輕，最後變得做事情沒有辦法要求了，反而讓彼此心生間隙。此時，如果可以藉由外人或是客戶的提醒，讓關係能夠回歸常理，相信就能減少因太親密而產生的言語上的摩擦，也能讓大家對於事情或問題有更開放的接受心態。

不論是在家庭或是職場上，或許長輩、上司的能力、見解甚至學識方面，都沒有比你更勝一籌，但對他們基於愛的關心或是擔心所做的任何提醒、建議，若能用善解對方的心來回應，相信就能更圓融的處理人際關係；**只要把對方放在心上，當你要做回應時，自然也就會換個位置，嘗試用對方聽到的感受來說每一個字，**那麼事情不僅能夠得到好的結果，彼此也不會有不必要的心結產生，同時關係一定也能更親密和諧。

[02]

傳說中的番茄飯

只有當我們不帶任何先入為主的觀念、
不帶任何主觀形象去觀察的時候，
我們才能與生活中的任何事物建立直接的關係
——Krishnamurti, Jiddu

曾經有個外國評論家說過：「伶牙俐齒是唯一越磨越利的武器。」這段文字在我每天早上照鏡子的時候，都會再三地警惕自己。

隨著演講、開會的次數越來越多，每一次會後我都會反省：

「這一次整體會議的感覺是正確的嗎？」

「發言時有沒有先入為主的執念，還是為了表現自己而說了過度的話語呢？」

之所以會這麼做，是因為隨著年紀增長與經驗累積，我發現，聽話往往比說話更重要！

有一陣子，網路上很流行做一道菜——番茄飯，就是把一顆番茄跟白米、水一起放到傳統電鍋裡去蒸，蒸熟後就變成了番茄飯！因為做法簡單，所以一直在網路上看到許多不同成品的照片；「番茄飯」的流行，也幾乎成為那一陣子辦公室裡閒聊時的話題。

「你試過了嗎？」「妳吃過沒？」同事興沖沖的問起，大家七嘴八舌的爭相報告戰果……

「有有有，我家小孩昨天全部吃光光，真是太棒了！又簡單又好吃。」剛當媽媽的小芬眉飛色舞地分享。

「我老公說他不喜歡吃混了番茄的飯，叫我不要做，會浪費食材。」長年外食的君姐洩氣的數落著。

而家裡有賢妻的信哥驕傲地說：「我老婆手藝很好，這太簡單了，建議要加料，多加起司、要用橄欖油去炸蒜片，味道更好。」

午餐時光就在大家七嘴八舌的討論下，很快地就結束了。

面對生活中的新鮮事物，你是勇於嘗試的行動派？還是事不關己，無動於衷的人呢？亦或是為了彰顯自己而高談闊論，影響了別人信心的人？如同前述的場景裡，雖然每個人只是發表了自己的想法跟看法，表面上看似沒什麼，但若是可以在聊天時，稍微察言觀色一下、多用心聽聽別人在說些什麼，然後在互動的言談間能適時給予對方肯定與鼓勵，而不是自顧自地說，相信一定能更廣結善緣，讓自己的人際關係更好！

—開發新話題　學會讚美對方—

有一句話說：「讚美跟鼓勵是增進人際關係的潤滑劑。」問題是，面對聽慣讚美的人，以及常常碰面的同事，又要怎麼樣達到打動對方的效果呢？

「老公，我問你，我們兩個不論是在工作上、生活中，甚至愛情裡，究竟有什麼正經事或大事可以聊的呢？」有一回，在開車上班的途中，我忍不住問老公。

「我們天天都在一起，沒什麼特別的事情需要聊的吧，就想到再講就好了啊！」老公眼睛連撇都沒撇一下，就回答我。

「那我要什麼時候才能誇獎你，讓你開心呢？」我非常嚴肅的看著他。

「不用了吧，家裡的事平日都做慣了，特別誇獎很矯情耶。」老公不解風情地回答我。

頓時，我就像洩了氣的氣球一般，充滿無力感！

終於，有一回，我把番茄飯的作法跟老公講，同樣喜歡下廚的他，開始嚐試了網路上的製作方式，結果，真的非常美味！

「真的是超級超級好吃的！你真的好會哦！」老公臉上佈滿了得意，幸福頓時洋溢在我們之間……

「好好吃！真的好厲害哦！」邊吃邊停不了的讚美，像連珠砲似地讚個沒完，此時，我才了解，當真心的感謝傳達到了對方的心坎兒裡，就是最好的生活潤滑劑。

「多一點什麼，少一點什麼」

在人際關係裡，想要掌握好「說話的藝術」，說難不難，但說簡單也不簡單。其實，說穿了，只要能掌握「因人而異」這個原則，就容易多了，如同做菜一般，雖然我們沒有辦法像個大廚把每一道菜都訂出一個標準的調味方式，但若是遇到口味重一點的，我們就多下點調味；但若是口味較輕淡，下手就輕一點，適時做個調整，如此而已。說話的藝術也是同樣的道理，遇到心臟夠強的、包容力夠大的，可以直接多給一些建議；若是抗壓性較小的，則要少點批判、多一點溫柔；但若是遇到個不愛聽勸的，那就什麼都別說，即使只是並肩而坐，有個陪伴都很好。

古有名訓：「說好話，做好事。」如果真不知道該怎麼樣說話，那就挑好聽的話說吧，主動幫別人在水桶裡多倒一些水。因為，**唯有主動多說好話，才有可能引導對方開口表達更多的想法，然後再用心的專注傾聽，相信善緣自然而來。**

好的人際關係來自於傾聽，能讓人開口說話是一種程度，而不帶批判的聽人說話則是一種風度。

日期

從 1～10 今天有多開心？

1 2 3 4 5 6 7 8 9 10

[03]

謝謝你搬走我的撲滿

弱者是無法原諒他人的；
寬恕，是強者的特質
——Gandi

所謂的「慘事」，往往不是有不好的事情發生，而是在事情發生之後，卻什麼也不能說，只能默默自己往肚裡吞。

在經歷了人生不同的階段之後，回頭看看年輕氣盛時的自己，每回遇到事情，總是想抱怨就抱怨、想生氣就大聲批評，就能即時地消彌不滿情緒或不開心，好不痛快呀！而現在，隨著時間的歷練、角色的不同，即使情緒萬千，再也無法、也不能像當年那樣的直率了，所以有時在網路上看見大家真性情的宣洩，心中總是無比羨慕。而這樣的差別更讓我體悟到，當情緒發生卻沒有辦法對外人談及或找人可以抒發，只能自己在心裡慢慢消化或壓抑，那才是最慘的事啊！

去年對我來說是相當刺激的一年，我都戲稱自己：「人在家中坐，禍從天上來。」（還好我已經吃完了壽桃，壞運已走，好運就要來了。）事情的發生是這樣的……

有一天，跟女兒在家看電視，突然樓下的住戶小姐來按門鈴，說她房子有漏水的問題，可能是跟我的房子有關係，於是在雙方的協調下，決定了樓上樓下要一起施工把狀況改善。

我騰出了兩三個星期的時間，來配合工班師傅的作業，沒想到，錢也花了，時間也刻意排出來了，居然在施工的第一天，我家就遭竊了！原本放在我工作桌旁的兩個存得滿滿的大撲滿，竟在粗工結束工作離開的時候，我發現它不見了，被搬走了，我馬上跟負責工程的工頭反應這件事……

「蕭小姐，不好意思，我們想要報警處理，您同意嗎？」工頭很認真的問我。

「沒關係，算了，我們不想追究，我現在只想請您快速的把工程結束。」

「非常感謝您！我們會加快的。」工頭十分抱歉又誠心地允諾我。

其實，發生了這件事之後，我感受到雙方心裡都有芥蒂，為了能夠讓施工的師傅們放下這件事情，接下來幾天，我每天都買便當給師父們吃，希望大家不要再介懷，可以好好地把工程盡快結束，畢竟房子還是要靠師傅們幫忙完工，而且犯錯的不是他們，沒有必要因為那一粒老鼠屎，而壞了一鍋粥，影響了大家做事的心情。

事情發生過後，老公曾問我：「還有沒有其他的財物損失？」

我說：「沒有，但是發生這件事情讓我很難過，難過到沒有辦法對別人說。當初這批工程師傅要來到家裡施工時，我從沒有刻意地想過要把家中財物、貴重物品收起來，或是時時監督著他們，所以這件事情發生，我心痛的不是損失了錢，兩個大撲滿也沒有多少錢，我難過的是我不僅失去了對人性的信任，也讓我心裡產生陰影，每天回家在爬樓梯的時候，都擔心害怕會不會有小偷躲在暗處，那失望、恐懼和無形的壓力大到差點讓我無法喘息。」

「那要不要告他？透過法律治裁他，也許妳的心情能夠平復些。」老公忿忿不平地問我。

「不用了，當一個人可以為了「兩個存錢筒」而拋棄自己的工作尊嚴，我又能夠對這樣的人有什麼期待？我擔心若真是提出告訴，對方反而因此惱羞成怒，對我們做出什麼更不理智的事情呢！所以，算了吧，就不要再淌混水了，今天我能夠順勢把心情說出來，也算是一吐心中怨氣，我相信時間會沖淡一切的。」

寬以待人，時間會是最好的回饋

我們常說：「知人知面不知心。」但我相信不止是我，大多數人寧可都相信，世界上還是善良的人居多，尤其在我為人母有了孩子之後，更加希望孩子能夠在充滿信任以及良善的環境中成長，所以，發生這樣的事情，除了讓我看清楚真實的世界面貌之外，我也責備自己的好傻好天真，差點置自己和孩子於危險之中。

隔了一段時間，我終於能夠釋懷地跟朋友侃侃而談這整個事件的始末與我的心情……

朋友紛紛替我抱不平：「這又不是妳的錯，誰知道這個人這麼壞！」

我感慨地說：「這件事我也該負點責任，我不應該把財物放在正欠缺的人眼前，雖然我並不知道他會這麼做，但也不應該把誘惑任意擺出來，是我的輕率給了他機會，我也從這事情裡得到了教訓，以後不會這麼輕忽了；但也不會因為這個特例，就讓我對一切人、事失去信心。」

許多事情的道理都是一樣的，凡事若能在一開始時就將狀況思前想後一番，相信就可以減少意料之外的事情發生；但若不幸的事件真的發生了，也唯有盡量的大事化小、小事化無，方為最佳的解決之道。

我常常在演講上與大家分享因果的觀念：「會離開的人，表示就不是你的人；會被搶走的財富，自然本也不是屬於你的。」

為什麼呢？如同佛家常說的，世間法一切都離不開因果報應，善因決定善果，惡因決定得惡果，這是真理，天然的法則。就拿「撲滿事件」來說，當時我為了顧及工程公司的商譽，所以息事寧人，將事件壓了下來，結果工班負責人反而覺得對我很愧疚，工程結束時不僅自動少收了費用，還加送我們置物櫃跟浴室蓮蓬頭，這結果也是我們始料未及的。所以「寬以待人」，時間會給你最好的回饋的。

安慰，是一帖良藥

有一天，去拜訪一位朋友，見她房間裡貼著一幅警世語，我看了很有感觸……

「律己總要真面目，待人何妨大肚皮」，每一個人若都能用這樣的精神來待人接物，社會就會平和多了。以我處理這件工程案為例，我不能說自己完全沒有錯，也不能說工程班老闆需負全責，重點是我不能因為這個不愉快的小插曲，已經損失了些許財物還不打緊，若再因此又延誤了整個工程的進度，或者是毀損了人家工程班苦心經營的商譽，那就真得不償失了！因為，還有比錢財更重要的東西，那就是自己的良心。

長年在職場，我也聽到很多朋友們會抱怨，當在工作上受了其他部門的鳥氣時，一口怒氣上來，常會氣急攻心的忍不住就撂下不少狠話……但畢竟是同事，日後還是要見面，未來也還有很多工作上的配合關係，**若只為了逞一時之快而撕破臉，影響了之後更多的利益，因小失大，值得嗎？倒不如，忍一時海闊天空，「人前留一線，日後好相見」，心寬，路就寬。**

[04]

用讚美灌溉而成的花朵

每個人都渴望有人欣賞，
如果你欣賞某個人，不要隱藏

喜歡看日本電視節目的朋友，不知道是否從中有發現：日本人真的是很會做行銷的一個國家。

我記得曾經看過一個日本的美食節目，為了要告訴觀眾好吃的牛肉是需要經過多費心的飼養過程，特別拉外景介紹一座養牛的牧場，拍攝牧場主人平時是怎麼用心來飼養牛隻的。畫面中看到，主人除了要請人定時的幫牛隻按摩之外，還要放古典音樂給牠們聽，甚至每一天還要不時地對牛隻們說話，像催眠一樣，說讚美的話，讚美牠們是多麼的漂亮、多麼的健壯……。

有趣的是，這些經過費心飼養的牛隻們的肉質，在透過專業的評比與鑑定之後，從數據裡得到證明：牛隻們會因為在充滿愛的生長環境裡，及透過主人每日的讚美以及愉快的正面言語鼓勵，肉質與油花的分布也會比一般的普通牛隻來得均勻，當然就會特別的美味好吃。看到這裡，除了讚嘆日本人的行銷能力之外，無論這原理你相不相信，任誰也無法否認，當別人喜歡你、肯定你的時候，凡是有生命的萬物，一定皆能感受到因「讚美」而帶來的神奇力量。

有一次我在大學演講，分享了一則網路故事：

有位牧師的兒子離家出走已經三、四年了，音訊全無，於是牧師偷偷找了一位諮商師，把這煩惱告訴對方……

諮商師看著他說：「你咒詛兒子多久了？」

「你說我在咒詛兒子，怎麼可能？我很愛他。」牧師訝異地說。

「我所謂咒詛的意思是，一直不斷地在抱怨一個人的缺點。剛才你跟我所說的都是在抱怨有關你兒子的不是。你這樣咒詛兒子到底多久了呢？」諮商師清楚地解釋著。

這時只見牧師羞愧的低下頭，喃喃自語：「是的，他一出生我就咒詛他到現在，對他，我從來都不曾說過一句好話。」

故事說到這裡，我就跟所有的學員分享：「這故事告訴我們，嚴師或許會出高徒，但無形中卻拉遠了彼此的距離，何不嘗試「讚美」，同樣也能達到一樣的效果，卻能讓彼此的距離越來越靠近，關係也會愈來愈親密。」

接著就會有學員繼續追問我，這故事的後來發展呢？

最後，這對父子終於見面了，這位牧師父親也改變了，過去他若看到兒子穿著破舊、留著一頭又亂又長的頭髮時，他肯定會嚴厲苛責兒子；然而這次，他用祝福的心接納了兒子，在言談之間，兒子如果有任何問題，他不僅耐心傾聽，當兒子說對了一些事情的時候，還會投以肯定或認同的眼神。

當這對父子午餐的約會快結束時，兒子望著父親說：「爸爸，我不知道發生什麼事？不過我很享受和你在一起的這段時光。」

看看，一個改變產生了這麼大不同的結果，雖然「讚美」不見得一定要用話語說出口，但藉由一個肯定的眼神或是認同的感受，都會讓人身心愉快。

肯定，讓人如沐春風

比起在一些大專生協會的分享，我發現演講的對象若是成熟穩重的社會人士，他們往往更願意給講演的人喝采跟掌聲！為什麼呢？也許是經歷過了一些人生的起落浮沉，對於分享的內容便會更容易有感受，也能更貼心地給別人鼓勵吧！就像之前，我在一場演講上，遇到一個曾經一起學「都更課程」的前輩坐在台下聽我的分享，他過去曾經是一名獵地高手，但如今卻願意坐在講台下聽我分享，甚至在聽完了我自學房地產專業知識的過程之後，還會主動上前來跟我說：「依妳的年紀跟經歷過的人生轉折，妳真了不起！」當下，真的讓我非常感動，也下定決心，要更認真來從事講師的工作。

當然，也有遇過不少有趣的學員，雖然已經退休了，但重新再進到協會裡當學員，他們也曾經想要給我鼓勵，但是每回話一出口：「妳上課的內容是很不錯，但是我看過更好的！妳應該要再去學學別人的方式或看更多的資料。」

兩者對我來說，我都相當開心的接受，但倘若真要比較，一定是前者說的話聽起來比較舒服，畢竟，學習都是在跟自己比，有人肯定，總比被人挑剔來得舒服許多，不是嗎？

事實上，語言的力量相當強大，比起簡短的「很棒」兩個字，大家還有更多、更具體的選擇，例如，我們可以讚美人家大有進步，或者是針對哪些長處來具體說明：「我佩服妳！」「我被打動了！」「依你的程度跟努力，你真了不起！」「幹得好！你好有天份！我喜歡你的作法！」……**誇獎不是檯面話，而是從內心裡真心的賞識，若能從中發現別人看不到的優點，則更令人感動！**

具體而宏觀的稱讚

在職場上、工作上，更需要具體而宏觀的讚美，每個人只要願意多對別人付出一點點，就會讓人更充滿喜悅，事情更臻完美。例如，在同事面前我們可以做到什麼？除了誇獎對方細心穩定之外，或許可以觀察的更深入或讚美的更細微些，像是，喜歡對方做事情的方法、稱讚別人心思縝密、想法宏觀……等等，畢竟，每個人在達成工作目標的過程中，都付出了相當的努力跟創意，當聽到別人的用心稱讚時，心裡一定有個小天使開心的說著……

「是的是的，你真是知己，居然有看見了我的用心！」

「是的是的，我就是這樣想的，我的做法目的就是這樣的，你居然能懂得。」……

人生難得知己，不論未來會遇到什麼樣的困難跟挫折，找一個懂你的夥伴，不論是生活上或工作上，絕對是更無往不利！

每個人心裡都有一顆種子，等待著別人用讚美來灌溉它，至於何時花會開？雖然花期未定，但是我們可以確定的是，當我們往別人身上灑香水，自己一定也會聞其香，人處在同一個空間裡，讓彼此感覺舒適是很重要的！讓我們就從現在起，善用讚美跟柔軟的姿態來潤滑人際關係與營造好的工作氛圍吧，如此一來，不僅能紓解我們對外拼搏時的緊繃情緒，也更能提高彼此的工作效率，百利而無害，何樂不為呢！

[05]

揹啞巴過河

魅力就是不需先行開口，
即能得到肯定答覆之道
——Camus

香港名作家張小嫻曾經寫過一篇文章：「世界上最遙遠的距離是……我就站在你面前，你卻不知道我愛你。」一語道破很多現代人在感情上的盲點，很重要，卻也很容易忽略的——「珍惜」。

有一回在大學演講的時候，一位同學問我：「老師，如果感情出現問題，該怎麼做？」我想這個問題他一定問了許多比我更厲害的老師，甚至也上網查過，得到很多不同的答案。

但我只認真的回答他一句話：「你若是真的用心珍惜了這段感情，你一定找得到方法的。」

的確，感情最重要的就是「珍惜」二字，唯有珍惜每一段關係，珍惜彼此，才可能溝通、包容、原諒。只是珍惜說來很容易，但卻很難做得到！所以大家也總是等到要失去了，才知道要珍惜。

在懂得珍惜之後，進一步再來學習，如何適當且適時的表達你珍惜的心意。

大約是三年前吧，我挺著大肚子與朋友們去東京自助旅行，雖然懷胎五月，但仍樂觀的和朋友出發旅行去了。後來想想，我很幸運，還好朋友們都非常體貼，一路上總是主動幫我拿東西，甚至有一段是完全沒有電梯，全部是樓梯的行程，朋友們也是很有義氣的就提起了我那5公斤重的行李，逕自走了10多層的階梯，而當時懷有身孕的我已感非常的疲累，所以一路都是臭著一張臉，沒什麼好臉色，幾乎快要壞了大家出來玩的興致了；在當下更沒能說感謝。所幸朋友們都非常大度的包容我，沒跟我計較，也讓我現在能更加珍惜跟朋友之間的感情。

這一段從大學開始至今的緣分，雖然現在仍偶爾會有小爭執，也曾經因為面子問題，彼此冷戰了一段時間，但是，不論是誰，總會有人願意先破冰，開口說話，主動修復彼此的感情。如果你身邊也有這樣的朋友，真的應該要好好珍惜，畢竟在這個自我意識高漲的年代，能夠如此放下身段，為了朋友願意先低頭的人，真的實屬不易啊！

揹了啞巴過河，又如何？

有一回，在一貫道演講，有位事業成就都相當不錯的學員問我……

「蕭小姐，我今年50歲了，我自覺對朋友都相當好，也很照顧員工，但是我感到非常失落，因為朋友們似乎對我的好都習以為常，很少說感謝，甚至有時候還會為了面子問題，跟我爭執到臉紅脖子粗的，我真的很生氣！該怎麼對付這種人才好？」

我問他：「那這個朋友不要了，好嗎？」

「不是不要了，是我要他照我的方式做，起碼說聲感謝。」這位學員急著跟我說明。

「可是朋友不是家人，他們沒有必要照你的方式做，因為他們可以選擇其他人當朋友，不是嗎？」我試著解釋給他聽。

到頭來，這位學員還是很執著，認為這個朋友應該要配合他的做法。於是，我跟他說了一個故事。

有一個年輕人在渡船口等船來，看到了一位老婆婆行動不太方便，所以就走過去幫忙扶著老婆婆來到渡船口，上了船，還一路陪著老婆婆，讓她安心地搭船。沒想到，當船一靠岸，這老婆婆什麼話也沒說，立刻就跑掉了。年輕人看在眼裡，心裡很是灰心，雖然本就是仗義勇為，沒有想要任何回報，可是看到老婆婆連頭也不回的背影，心裡沒來由的堵著一口氣：「這人怎麼這樣！連個謝字都沒有？早知道我就不幫忙了。」

過了約莫半個鐘頭，忽然有個年輕小伙子拿了一袋米跑過來：「先生先生，請問剛剛是您幫了一位老婦人過河的嗎？」年輕人點了點頭。

「是這樣的，那位老婦人是我的母親，因為她有啞疾沒有辦法開口說話，無法親自跟您道謝，所以她要我將這袋米馬上送來給您，表示她的感謝之意！」謎團這下才解開來，這感謝不是不報，是時候未到，小小的誤會倒反而顯得年輕人心胸狹小了。

其實，若一開始是自己主動想要幫助別人，本就不該預設立場。朋友之間也是一樣的道理，畢竟不是我們的家人，大家都是平等而有自主權的，有些人就是不太習慣照著別人的要求行事，既然有緣當朋友，就是有些個性相同、志趣相投之處，那又何必一定總要爭個高下，就像上述故事中的主人翁一樣，揹了啞巴過河又何妨？知道朋友的個性就好了，互相包容、理解，心情才會舒適、友誼才能長久。

——埋怨的話看場合說——

人與人之間的相處，不可能沒有抱怨，即使心裡有再多的不開心，也會因為顧及情分，點到為止。但如果為了要發洩，或是計較輸贏，而賭氣用一句話就把話說死了，那就要有和對方的感情可能就此破裂的心理準備了。所以，**埋怨的話、心裡的話，即使每個人都有表達意見的權利，也都要看時間、挑場合說。**

下次，當對方的行為真的讓你很介意的時候，為了不影響彼此的感情，建議不妨在氣氛愉快的時候，或是在大家放鬆笑鬧的場合，藉由玩笑的方式，消遣一下對方，例如：「小合，你也太不夠意思了，有了男朋友之後就見色忘友，好久沒有跟我們吃飯了耶，這樣對嗎？」

或是在辦公室裡有意見分歧的時候，也可以趁公司聚餐時點出重點：「唉呀，好歹我是個主管，上次你也太不給我面子了吧，是不是該自罰三杯呀？」不僅可以輕鬆地消彌了彼此的怨氣，也能讓友誼更加茁壯，畢竟，緣起緣滅皆在一瞬間，唯有正心正念，凡事才有正向的循環。

日期

從 1～10 今天有多開心？

1　2　3　4　5　6　7　8　9　10

[06]

因為豆漿濃

一個人若是缺乏幽默感，
那就好比馬車缺乏了彈簧，
在石子路上一路顛顛簸簸
——Beecher, H.W

在人際關係的圈圈裡，如果套入傳播學的「洋蔥圈」理論，夫妻應該就是人際關係分層裡的最核心；越外圈的人越疏離，而越核心的人往往摩擦也越多。

以前總有人問我：「小合姐，妳想要找什麼樣的對象過一輩子？」

經過了這些年的焠鍊，我真心覺得，一個有幽默感的對象，遠比有金山、銀山的伴侶更為重要！尤其，從事像我這樣工作的人，每天都會有不同的想法、意見跟思辨，如果伴侶缺乏幽默感，我們的婚姻生活該是多麼危險或無趣呀？

愛迪生曾說過：「如果你想要征服世界，你要先讓這世界變得有趣。」當年我在出《學會幽默，生活不寂寞》一書時，也曾經覺得自己懂得幽默，生活一定能夠有趣。但是當結了婚、出了社會工作後，卻發現，要在壓力下持續保持幽默感，還真是一門藝術！例如，我曾經在孩子不斷哭鬧的同時，還要面對神經質老闆的刁難及其交辦的刁鑽工作，甚至可能明天就被裁員了……等等極大的壓力，生活怎麼可能會有趣？我又怎麼能時時保持幽默感？根本天方夜譚！

有一天早晨，孩子起床正鬧著脾氣，哭鬧的尖叫聲大的連一樓都可以聽得到，而我又急著要準備早上10點的演講。這時，貼心的老公想要幫我的忙，於是主動提議要去買早餐，沒想到，卻誤買了一杯我不愛喝的豆漿，於是一大早放在心裡的那一把怒火，就在這時候爆發！

我失控地吼道：「為什麼不是紅茶？大家都知道我演講當天只喝紅茶！還是20元的早餐店紅茶，你跟我結婚這麼久，為什麼還會買錯，買成豆漿。」

一般人若聽到這樣的指責，應該也會立刻火冒三丈吧！「有人幫妳準備早餐已經要感動得痛哭流涕了，妳怎麼還好意思責罵人家！」

但修養很好的老公，只是慢慢地說：「因為豆漿濃！」

「蛤？」我以為是我聽錯，所以又問了一次：「蛤？你說什麼？」

於是，老公又慢慢的重複了一次：「因為豆漿濃，跟我愛妳一樣濃，所以妳就別找茶了。」

聽懂了他幽默的情話之後，我頓時破涕為笑，給了他一個最深情的擁抱。我想，這輩子也只有我老公的幽默感，才可以這麼淡定的對付我這古怪的脾氣，和化解我多餘的眉眉角角了。

裝瘋賣傻，憂鬱解套

社會跟環境讓我們變成了無趣的大人，為什麼無趣呢？不是因為我們不會說笑話，而是因為大家在學習認真看待事情的同時，都太過嚴肅，忘了適時的調劑和變通。

有一次，我應邀到政戰管理學院去演講，對象是一群嚴肅的教官們。原本我想在演講的其中一個環節裡，設計邀請一位教官上台和我一起配合表演，但想到軍人們在社會中的形象，他們會願意嗎？於是我在事前跟承辦人溝通這件事情……

「教官，在當天演講我可以邀請少將上台配合演出，表演一段日本有名搞笑藝人的舞蹈嗎？」我鼓起勇氣試探性的詢問。

「會不會影響少將的形象呢？」承辦人跟我再三確認。

「不會的，其實少將可以透過舞台這個特殊場合，藉由奇裝異服的打扮，嘴裡咬朵花，裝瘋賣傻的演出，反而更有親民的效果！」我仔細地說明並說服。

果然，當天少將在演講上的演出相當成功，雖然平日穿著軍服時是充滿威嚴的，但脫了軍袍後，私底下也能如此幽默，配合搞笑的演出，藉由揶揄自己的方式來舒解壓力，娛樂大眾。

想要擁有幽默感其實不難，就算不會說笑話也沒有關係，你可以利用改變自身形象的反差性來博君一笑。只要願意放下身段，除了能讓自己感到開心之外，還能爭取大家的好感度，更能瞬間改變緊繃的氣氛，這就是心理學「鏡面效應」中說的：「當鏡子裡的人笑了，世界也會跟著微笑。」

這讓我想到日本的上班族，他們的「工作高壓」是世界出了名的，平日上班見他們一絲不苟，但下了班總常常藉由喝小酒來抒發壓力，所以在酒聚間就能看到他們有別於工作時的正經形象，有脫掉領帶綁在頭上的、襪子掛在襯衫口袋裡的、畫花貓臉的……一幅幅詼諧的畫面盡出，完全沒有包袱，不僅自己樂在其中，也立即逗樂現場每一個人！

—理兒不歪，笑果不來—

說道理、講要求是現在職場的常態，畢竟大多數的主管還是希望大家工作時是嚴謹的、不要亂開玩笑的。但若是一天到晚，長達8小時，都是緊繃著神經、不苟言笑，那麼上班的情緒跟效率又怎麼會提升呢？應對很會講道理的人，有時來點歪理，適度放鬆彼此也是不錯的；偶爾不經意的雞同鴨講或裝傻，有時反而能夠製造一點笑料，讓環境與身心都輕鬆一下。

陳老闆是一個很愛講道理的人，每回遇到他，總是要正經八百對他說的話點頭如搗蒜：「是！是！是！」也因為太頻繁碰面之故，所以常常聚會的場合總是搞得很嚴肅。後來，大家想出了一個辦法，只要一知道陳老闆又要開始說教了，大家就會輪流在他說完之後，重複的說：「老闆您可以再說一次嗎？」「老闆您可以再說一次嗎？」

在陳老闆重複了幾次之後，其中一個人就會跳出來說：「是是是！老闆，非常謝謝您，剛剛同事和我打賭說您不會一直重複說同樣的話，沒想到您還是不厭其煩有耐性地再說了一次，所以我贏了同事的100元！真是太感謝您了，等等請您喝飲料啊！」語畢，現場的每一個人都笑了，連陳老闆自己都不好意思，靦腆地笑開了。

透過以上幾個生活中常見的例子，主要是想要讓大家試著調整一下既有的步調跟思維，這樣才能連帶著影響並改變生活上各種不同的環境氛圍。**語言只要是爲了對方好，能讓大家開心，其實不論說什麼都好，只要最終結果是好的，就是正面的言語，就不用太拘泥於何種幽默的形式了！**

第三章

旅行的意義

不要被生活的慣性鈍化了，透過旅行，走出生活的舒適圈吧！不論在旅程上遇到什麼樣的人事物，睜開眼，一切都是未知，也充滿新鮮，生命需要不同的刺激，學習從不同的角度看世界，也更懂得感恩。出發吧！不論是長途旅行，還是短期出走，換一分閒情，即使只是漫步在公園裡，感受四季變化的奧妙，都是旅行的意義。適時轉換一下固定的軌道，都可能激盪出更多生活的美好！

[01]

日本人不讓座

我們可以相信我們所選擇的，
但我們要為自己的選擇負責
——Newman, J.H.

「請問你是一個喜歡待在家裡？還是一個喜歡到處走走、四處旅行的人呢？」

每一次認識新朋友的時候，這是我最常說的一句開場白。人家說「物以類聚」，的確，像我自己因為很喜歡旅行，所以，總希望朋友們也能志同道合。

旅行，是一個點到一個點的轉換，有時卡在一個點上，雖然腳步沒有前進，但隨著空間改變了，觀念也就開通了。這也是為什麼我特別喜歡旅行的原因，可以藉由旅行接觸不同的人、增廣見聞、開闊眼界；透過旅行，心靈也能得到沉澱、洗滌與滋潤，因為有著不同景色的交替與文化民情的交流，更能打開我的視野，讓想法能有不同的思維邏輯。

我認識很多喜歡旅行的朋友，每個人在旅行出發前的準備都不太一樣，有些人喜歡把慣用的物品一併帶出去，這樣才會有安心的感覺；有些人則是輕裝上路，行李盡量簡化，一到了新環境即能馬上入境隨俗，你，是屬於哪一種呢？

有一回，我跟朋友們到日本涉谷自助旅行，一到機場，就發現三個人的行李，完全不同。怎麼說呢？其中一個朋友帶了兩個及腰的手拉行李箱，我們笑鬧著問她：「你是要去批貨回來賣嗎？怎麼這麼多個空皮箱呀！」

「沒有啦！出國就是什麼都很好買，什麼都很新鮮，怕不買會後悔！」朋友開心的說著。

另一個朋友則只帶了一只大小適中的行李箱，在裡面預留了些空間而已；而我呢？也許是工作習慣了，只帶了筆電以及商務型的登機箱就要上飛機了。

朋友問我：「你去日本不購物嗎？行李箱也太小了吧！」

頓時，我才發現，那陣子的我幾乎已經被工作佔滿了所有的生活空間，即使就要上飛機出國旅遊了，但在心裡都無瑕顧及玩樂。

搭上飛機，離開台灣地面，看著熟悉的景物越來越小，所有的人事物似乎都暫時與我們無關了，此時腦子裡開始想像著在異國的景色包圍下，我們的視覺不斷被新事物刺激著，無憂無慮地像隻飛出籠子的小鳥，高聲地歡唱著快樂的歌曲……

很快的，早上還在台北為了客戶的問題糾結，晚上就已經置身在日本百貨樓頂的咖啡館，悠閒地看著東京車站的美麗夜景了，所以說，旅行不僅只是點對點的轉換，更是整個身心靈的解放。

—親身體驗，打破窠臼—

旅行是打破窠臼最好的方式。

有一次朋友問我：「妳覺得這兩年隨著年紀增長，我們活得怎麼樣？」

我回答她：「我覺得我們似乎活得越來越人模人樣了，只不過包袱多了點。」

朋友聽了我的答案都笑了。為什麼我會這麼說呢？跟我去日本的那一趟旅行有很大的關係。

在我懷胎五個多月時和好友們去日本的那一趟旅行，最讓我津津樂道！原來，我們有很多的想法，都是因為過度的對他人有所期待而產生的，並不是理所當然應該的，怎麼說呢？

「在日本如果搭電車，日本人是不讓座給孕婦的喔！」同學突然對著我說。

「怎麼會！他們不是很有禮貌的嗎？」第一次聽到的我，驚嚇得像是活在洞穴裡的山頂洞人。

她又認真解釋了一遍：「是真的！因為風俗民情不同，就算他們平常再有禮貌，但是他們都認為每個人都應該要對自己的選擇負責，有座位就坐，沒座位就站，不會因為妳是孕婦、老人或小孩的個人特殊狀況而讓座。」

對於當時身懷六甲，挺著個大肚子的我，聽到這個訊息確實有點驚嚇，畢竟在我們國家「讓座」是這麼理所當然的事，但在這裡卻不是這麼一回事，想到接下來就要搭乘長達兩小時的電車旅行，我一度懷疑自己會不會體力不支，在國外被送進醫院。還好，並沒有那麼誇張！雖然在整個車程裡，真的沒有半個人讓位，但因和好友們愉快的聊著天，兩小時站著的時光也飛快的就過了，同車裡還有不少位跟我一樣的日本孕婦，也都挺著小肚子一路站著聊天呢。

來到日本神社前，朋友們進去寺廟求平安符，我因為走路散步而感覺有些喘，於是就倚靠著寺廟的窗台想休息一會兒，這時卻從旁邊傳來好熟悉的語言：「妳來日本玩呀？挺著個大肚子怎麼站著？趕快過來坐下，這樣太辛苦了，快點來～」抬頭一看，原來是一群可愛的台灣媽媽，用臉上綻放的大微笑和熱切的招呼聲喚我過去坐下休息。沒想到，遠在異地，竟還能感受到我們台灣人慣有的濃濃人情味，和日本的觀念習慣相互對照，讓我對於不同人文的特質與差異，有了更進一步的認知與思考。

—讓心沉澱的靜言旅行—

回到台灣之後，與家人聊起旅行有趣之處……

一位堂姐跟我分享：「真的耶，曾經有研究報告說，在不同語言的旅行中，我們的心與知覺會變得耳目一新，而且還會更加敏銳喔！」

「為什麼會這樣呀？」第一次聽到這樣說法的我，也覺得很訝異。

「我去年就跟了一個21天的印度苦行僧團，讓自己過著不說話、靜言的生活，吃的也超原始，有時候甚至只有喝水。」表姐敘述著。

「什麼！為什麼要這樣虐待自己，出去玩不是應該過得舒適嗎？幹麻花錢受罪。」我不解地問。

在這陽光煦煦的午后，坐在我對面的堂姐，緩緩地啜了一口咖啡，然著笑著說：「看吧，妳又陷入執著的思考裡了，不說話，才能讓我的心聽得更多啊！」

旅行，是一種個人化的選擇。好的旅伴會讓人旅程開心；但，一個人上路也不錯！就像電影《一個人旅行》中，女主角透過旅行，在旅程裡做出了每一個不同的選擇，透過平時不會接觸到的生活環境，在旅程中找回「初心」。總之，

「旅行」這檔事，不僅能讓身心柔軟，讓生活變得自在，還可以讓我們像海綿一樣不斷地吸收新鮮事物，讓自己不再侷限於既有的模式，也不再執著於事物的慣性，做人也能更有彈性。

[02]

我被女兒同理了

感受過悲傷的人最懂得憐憫
——Gay

人生很大部分是由一段段的旅程拼湊而成的，很多的時間裡，我們選擇了到處旅行，吸收新知，其他剩餘的日子，就用生活體驗來記錄人生過程。

在出遊旅程中，我們可以瀏覽喜歡的事物，若遇到喜歡的人們，就珍惜當下開心暢談，然後分開，在彼此的回憶中留下美好的印象。但人生旅程卻不太一樣，無法預設立場，我們只能隨時接受最好的安排，跟領受生命給我們出奇不意的禮物。

「你自己帶小孩喔？好辛苦呀！怎麼會想要自己帶呢？」只要遇到一些熱情的朋友們，總是無比的關心。

「辛苦是一定的呀！但是在這段體驗生命的過程中，我感受到了和孩子很多互動的小細節，是很值得的！而且我都會想要用任何模式把這些點滴記錄下來，以後和孩子一起回憶的時候，一定很精彩。」我熱情滿滿的說明我的感受。

我相信不論任何人，其人生際遇一定都嚐盡酸甜苦辣，唯有透過記錄與分享，才能越來越有生命的熱度。

猶記得孩子在剛會張開嘴動的時候，我們常會在通訊軟體上分享每一張照片，抱著期待跟興奮的心情，欣賞他每一個細微的小動作，只要有一點點的進步，就會快速的跟家人或好友分享，雖然朋友們可能受不了這麼多的媽媽經，可是，就跟喜歡旅行或熱愛工作的人一樣，在這過程中，心中湧現的是滿滿的成就感與迫不及待欲分享的衝動。

還不會說話的孩子能更懂意會

有一陣子，因為孩子的腸胃還沒有發育完全，所以每回遇到大便大不出來，總是要哭天搶地一番。

「怎麼了？怎麼了？」初次遇見這樣的狀況，真是緊張的不得了！心裡七上八下的，到處上網找資料，還特地跑去詢問專業醫療人員，但是大家的答案跟開出來的藥方都不一樣，那時心裡想說：「嗯，總算是問到方法了，只要孩子不哭就安心了。」於是這事情也就因為日子的忙碌而忘記了。

有一天，我正在家裡上廁所，浴室門卻被推開了，兩歲的孩子站在門口看著我，然後一臉的疑慮，我想是被我扭曲的表情嚇了一跳吧！

我試著跟她解釋：「媽媽，在嗯嗯。」然後故意扮一張猙獰的鬼臉，結果，孩子居然咯咯的笑了……從她的眼神和笑意裡，我感受到了孩子的理解。

「是啊！媽媽跟妳一樣廁所上不出來，痛痛，很可憐，所以不能笑媽媽喔！」我逗著跟孩子說。原來，「同理心」這件事，不是閱讀了多少書籍以及文字後就可以理解的，而是就在那一瞬間，什麼也不用多說，它，就是發生了。

其實，這個故事最讓我不可思議的是，身為一名講師與作者的我，不知道是不是平常的話講得太多了，都忘了當我們處在一個沒有文字，也無法訴諸於語言的世界時，我們的視覺、聽覺甚至感受的覺察力是會增加的，連兩歲的孩子都能透過這樣的互動與訊息傳遞，達到「只能意會不能言傳」的默契，反觀我們大人反而失去了這樣的能力。雖然我們無法探知生命有多奧妙，但有時候只要透過一些特別的moment或體驗，就可以找回某些失落的原始本能。

走一樣的行程，結果未必也一樣

在還沒有為人父母之前，你有想過自己會成為什麼樣的父母嗎？無論再怎麼想，實際答案跟想像一定不一樣！

人們總是不自覺循著記憶中的模式，從過去自己家裡的父母親，或是學習別人不錯的方式來模仿嘗試，如同我在踏上日本旅程之前，也參考了別人推薦的景點行程，但真的自己實地去走一遍，卻又不見得有同樣的感受或收穫。

很多人總是對自己充滿期待，希望自己也能同理別人或變成有同理心的人，然而，「體會」這件事情，從來就是在一瞬間發生，也許是一個肢體動作，也許是一個眼神的交流，就那麼一個「懂了」的念頭，心裡知道了，卻不多說，**當你在同理了別人心情的當下，也自然而然就會知道該如何做反應。同理心眞的不難，只要多用點心去觀察，一定能深切感受得到，也才知道如何爲他人著想，更體貼他人。**

[03]

躲進廁所的10分鐘

幸福在於自知擁有幸福
——Sand, George

幸福是什麼？

當我們習慣每一餐都能吃得飽的時候，漸漸地會忘了吃飽能有多開心！尤其，當我們生活已經變得習以為常，大家漸漸地可能都會忘了擁有的可貴。

有一回，我到大專生發展協會演講，學生問我：「小合姐，什麼樣的生活最幸福？」我想了想跟對方說：「幸福是比較級，如果你失去過，又再獲得，就會覺得『特別』幸福。」

這段文謅謅的解釋，讓發問的學生頭上出現了更多的問號，所以，我決定分享一些生活經驗，讓他更能理解我說那一段話的意思。

孩子出生的那一年，對於我和老公的人生有很大的改變，光是在生活上，就產生了巨大的影響，以往可以一週到電影院去看一場電影，結果現在怕孩子吵到別人，只能窩在家裡看MOD；想要每天早上在溫暖的陽光跟鳥語中愉快甦醒，現在卻只能看孩子的心情，看她願意讓我們睡到幾點，而且一起床後的時間，就不再屬於自己的了。人生進入了另一個階段，就像是進入一個全新國度的生活一般，原本自己所擁有的自由跟清閒時間，都被打亂、打散了，即使偶而能忽然抓回原本的生活步調，但許多事也已經大不相同了。

「你在幹嘛呀？」

「我在洗手間！」

與老公結婚後，他一直保持著單身時的習慣，一起床就要先占用洗手間，一進去就是固定的一段時間。

「早安！小孩子剛起床要喝奶，可以幫我沖一下嗎？」

「等一下，我先去廁所哦。」

他偶爾也會無法幫我的忙，當下聽到的時候，心情總會相當氣憤，忍不住心裡碎念著：「我不過就是請你幫個小忙，而且孩子又不是我一個人的……上廁所的10分鐘有比孩子喝奶還重要嗎？」

但這些瑣碎的生活小事，常常很快就被一場接一場孩子排山倒海而來的哭聲給淹沒了，根本不會記得。

直到一個孩子早早入睡的夜晚，我與老公聊起這件事情，他忽然很感嘆地對我說：「感謝妳每天給我的十分鐘。」

「為什麼要特別謝謝我？其實我不是很樂意，只是勉強接受，因為孩子的事情、家務事常壓得我喘不氣，有時候是真的很需要你立即的出現救援，根本沒辦法等那10分鐘。」我笑著把這些平時的心情娓娓道來。

「是呀！我都知道，所以更是特別感激，當我們連10分鐘的時間都必須貢獻出來給孩子的時候，我才知道『活得很自我』這件事情對我有多重要，就算只保留了習慣的10分鐘，也算保留了自己的空間。」

在他說話的同時，臉上出現一種平日少見的幸福表情。

一生活讓我們不得不改變一

大家可能曾經在電影裡面看過，有一些富二代或是大老闆、企業家，從小含著金湯匙出生，或是因為都過著富裕的生活，所以可能從沒有吃過路邊攤，更遑論去在地的巷弄間走走看看過，一直到有一天，破產了，連飯都吃不起了，才發現以前吃的食物、過的生活、接觸的人事物，宛如置身天堂一般！這天壤之別，也才讓他們覺悟，以前那麼自我的生活方式，是有多幸福啊！一旦重新找回來後，也都能更懂得珍惜！

雖然我們常說：「人生如戲，戲如人生」，但因為工作的關係，我身邊倒能見到不少像上述這樣的客戶例子，當然我們是平凡人，很難會有戲劇性的劇情發生，但從社會的新聞事件裡，也不難發現這些人就在我們週遭，雖然平時過著讓人羨慕的生活，但實際上卻如人飲水，冷暖自知。

大家目前的生活狀態是什麼？對生活現況都滿意嗎？滿意的地方是什麼？失落的地方又有哪些呢？

我相信，其實多數的人都會想要跳出原本一成不變的生活軌道，卻可能缺乏勇氣或是因為不得已，例如，生活中常充滿了許多壓力，有時真的很不想再委曲求全了，想換個模式改變自己，但卻因為生活的無奈，身不由己，不得不繼續下去時，也許你可以停一下腳步，躲進廁所裡十分鐘，坐在馬桶上，**放空自己，沉澱一下心情，然後跟自己的心裡對話，拍拍內心裡的那一個自己，相信對於一個懂得知足的人來說，很快地就能夠找回原來的生活節奏和步調，再從中找回**

幸福感，並且加以珍惜。

一創造一種說走就說的隨心自由一

我是在快要近40歲的時候，才生下女兒的，所以我與老公對於在生活的改變上一直相當積極，因為我不想失去當講師工作時的心靈自由，但又同時想要跟上家裡的生活步調，所以，在頭兩三年的事業與家庭兼顧的嘗試下，我們創造了屬於我們生活上「說走就走」的一種隨心自由模式，也就是說，在可以達成的範圍下，我們依然還可以保有部分個人的生活品質，例如「旅行」這件事。

自由，沒有特別的時間限制，而是要懂得把握當下！在我和老公「說走就走」的旅行裡，我們也會規畫哪一個景點一定要去、哪一家餐廳一定要吃，但即使沒有吃到、沒有看到，旅程也不掃興，只要把握當下可以完成或是做到的，旅行還是可以開開心心滿載而歸的。

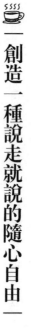

不少友人總是問我：「為什麼工作之外，妳還可以同時做這麼多事情？」

我總是這樣回答他們：「只要老公的工作一忙完，若他忽然想要晚上就衝去宜蘭看夜景，孩子又有人可以幫手，我一定無條件答應陪同，因為對我們來說，個人時間更難得，尤其是在有了小孩之後，很多地方幾乎都不能去，所以，只要一有機會能夠成行，就是最大的幸運，當然不能錯過呀！」

眼見孩子也一天天長大，而我們還是同時兼顧了工作、家人、親情以及友情，或許不到100分，但是我們已經相當滿意、知足並珍惜了！

[04]

雨天的計程車司機

施比受有福
–聖經

這些年來，有點路癡的我，只要有演講課程時，為了可以早到備課及不遲到，一直都有搭乘計程車前往演講會場的習慣，偶爾在車程裡與司機攀談兩句，還可以獲得不少靈感，有時還真會讓我茅塞頓開，更增加演講分享的內容與精彩。

計程車司機是相當有趣的一群人，因為來自於不同的環境、背景，所以性格也都不一樣。有些人喜歡聊天，讓乘客不感無聊；有些人則安靜駕駛，給乘客一個寧靜空間，每選擇一輛車，就像是一趟短程旅行的開始。

在雨天攔車是最難也最辛苦的！可能因為搭車的人變多了，生意比較好了，所以沒什麼空車率；而有些司機則是挑客人……不論是哪個原因，每回出門的時候，我還是喜歡路邊隨機攔車，儘管現在網路叫車相當方便也較安全，但卻少了那麼點「偶遇」的樂趣。

還記得三年前在師範大學的一場演講，當時我已經懷孕近八個月，肚子大的連走路都氣喘噓噓，更何況是上下樓梯，但因為是熟悉的合作單位邀請授課，當然不能辜負對方的信任，還是應允接下。可惜當天忘了掛上晴天娃娃，居然在要出門時才下起了大雨！還好很快的便在路邊攔到了一輛計程車，距離師大也只有一橋之隔，路況還不算差，距離也不算太遠，於是心裡也安定許多。

一路上並沒有跟司機有什麼交談，因為我希望在演講前可以好好休息。終於準時的抵達了師大門口，心裡一陣歡呼：「真是太棒了！」正準備拿出錢包要付車錢時，卻發現怎麼找都找不到錢包，原來是當時急著只想早點出門，竟沒有發現沒帶錢包這件事！沒辦法，只好硬著頭皮跟司機大哥說：「不好意思，我急著要去演講，出門時竟忘了帶錢包，是否可以給我您的聯絡資料，車款我之後跟您約時間支付可以嗎？」

其實沒帶錢包已經很窘，還提出這樣的請求更是丟臉，當時真恨不得有個地洞可以鑽下去呀！

沒想到司機大哥只是揮揮手說：「不用了，我看妳好像真的很急，外面下著雨，妳又挺個大肚子，小心不要淋濕了，這裡有把傘，快拿著進去吧！」

滂沱大雨加上演講時間在即，當時也實在沒有閒暇好好的跟司機大哥表達我的謝意，誠摯的接連道謝之後，馬上趕進會場去演講了。

之後這件事情便一直在我心中產生很大的漣漪，認真回想從新聞裡看到的、身邊聽到的，以及現在自身體驗的，我發現這社會上還是有許多善心人士的，而溫暖的故事也總是在不經意中就發生。

一感動總是緩緩流進心房一

或許是現代人都太忙了，忙到沒有時間去感受感動、體會感動。

每一個人的生命旅程裡，總是來來去去的會遇上很多人，有些人很愛聊天、好分享；有些人卻對生活完全無感，甚至對生命的熱情也異常地冷淡，只知終日汲汲營營於權力慾望以及金錢財富。但倘若有一天，突然地從原本的高位上退了下來，或是重重地摔一跤，又該怎麼樣接受並面對人生呢？

計程車司機裡總是臥虎藏龍，不乏退休下來閒不住的老闆……「先生，我想要從板橋到永和，短程載客嗎？」上車禮貌性的問了司機先生。

「當然沒問題。」司機先生爽朗的回答。

一上車聽到司機先生正在收聽財經新聞的廣播，忍不住問他：「您覺得最近的股票市場狀況如何？」

這位司機先生便開始濤濤不絕地講述著他聽到的政經新聞和個人感想。他豐富的市場經驗讓我非常驚訝：「哇，您好厲害呀！為什麼會從事這行業呢？」司機先生笑著說：「小姐，其實我都是搭配旅行社跑機場線較多，因為之前做燈具貿易退休了，所以來跑計程車，生活才比較不會無聊，時間自由、壓力也小。」

「那為什麼不去旅行，或是學一些新東西呢？」我好奇地又問。

「每個人的個性不同，到處玩可以玩多久呢？一樣認識有趣的人，不如開車聊天吧！分享客人的心情，偶爾當當別人的心靈分析師，我其實也很喜歡開導別人，有時看客人眉頭深鎖的上車，聊一聊，到達目的地之後，看他們開心的下車，這不是很棒嗎？」

看司機先生眉飛色舞地說出他的想法，我打從心底讚佩！

以前總聽別人說：「高手在民間。」果然所言不假！這些每天載著不同客人的計程車司機大哥們，說他們很能體察人生百態可是一點都不為過。在搭載著客人從甲地到乙地的這一小小段旅程裡，也許會剛好遇上有煩心事的客人，也許是正有好事發生的客人……無論心情怎樣，在短短幾十分鐘的車程裡，能讓一個陌生人打開心房的盡情喧洩，不論是不同視野的分享，或是無法對身邊人開口說的難過悲傷、工作上的氣憤不滿，搭乘者都能在這小小的車子空間裡盡情抒發，司機先生們宛若心理醫師似的，時而分析給意見，時而只是默默地聽著……然後隨著下車的那一剎那，搭乘者就把這些情緒通通丟在車上，身心也都能得到暫時的壓力釋放。

很多時候，當我們腦筋轉不過來或是想不開，其實只要能找人說說發洩出來，或是聽聽第三者的分析建議，通常就能豁然開朗，沒想到「搭計程車」的這段小旅程，也能這麼療癒。

—出走？還是出發？—

在任何地方都可以再出發！平常我們總是搭著計程車出走，也許是想盡快地遠離我們不喜歡的人事物，但更多的是，我們也搭著計程車出發到一個新的地方去面對新的挑戰。在這出走的過程，同時我們也在找新的目標，就像人生的旋轉門一樣，總能有未知的事件與驚喜出現。

常常有人跟我抱怨生活的不如意、工作不開心，我都會跟他們分享這些計程車司機的故事，透過觀念轉換的關鍵，也許就會有不同想法與啟發。這樣說來，計程車的司機駕駛們也有可能會是大家生命中的貴人呢！如果沒有他們願意傾聽分享、給予分析建議，甚至鼓勵，為我們原本的壓力導入滿滿的活力，瞬間溫暖心靈，就像車子加滿了油一樣，立刻充滿動力，可能社會上生病的人會更多呢！

「施比受更有福」，不論從事任何工作行業，尤其是服務業，若能發自內心，秉持著爲顧客服務的精神，讓更多人開心生活，那麼除了工作賺錢外，自己的工作也會更有價值感，也才能長久經營且開心愉快！我們何樂而不爲呢？

[05]

一個報恩的天氣瓶

友誼總需要忠誠去播種、用熱情去灌溉、
用原則去培養，更要用諒解去護理
——馬克思

如果人生總是緣起緣滅，那麼每一段緣分的開始與結束，就是無限迴旋的美麗。不論你是短期的輕旅行、國外長途飛行的旅程，甚至只是一小段的乘車之旅，在這過程裡總能認識些形形色色的朋友，進而發展出一段段從旅程關係裡開始的緣分。

我還記得，曾經因為一個小禮物而串起的一段好情緣……

「這是什麼？」我對著一個小禮物好奇地問。

對面的大男孩兒睜大了眼睛看著我：「小合姐，這是送給妳的，妳猜一猜？」

「哇~今天是耶誕節，要你跟我一起去演講已經不好意思了，沒想到還收到你的小禮物，真是太開心了，謝謝你呀！」

打開禮物，看到一個透明的瓶子裡飄滿了結晶狀的霜，再襯著現場的耶誕節背景音樂，頓時耶誕氣氛更顯濃厚了……

「小合姐，謝謝你這麼照顧我，這是現在很流行的『天氣瓶』，是我自己手作的哦。」

看著這男孩兒誠摯地表達對我的謝意，不禁想起當時認識他和一群大男生的模樣，只是因為一場演講活動認識，彼此就留下了通訊方式，然後就這麼一路看著他們從大學到研究所畢業、追女生、當兵，一直到進入職場，說我是他們的老師，但我覺得更像是夥伴關係，都曾在對方的生命裡留下許多的足跡，而這小小的禮物，便是關係存在過的證明。

已經想不起來為什麼會在當中與這位夥伴特別投緣，在當年數十場的演講裡，和不少人都會留下通訊方式，然而，能真的進入對方生活裡的卻相當少數，更遑論能變成朋友，參與彼此人生某些重要階段，但這位學生卻說：「這天氣瓶裡有我當時聽完演講滿滿的感恩，以及記錄著現今工作給我的感動，我想藉由它跟老師一起分享。」

他的一段話至今一直支撐著我，每每在工作陷於膠著狀態時，就會把玩那天氣瓶，晃一晃裡面的霜，重溫這一段難得的緣分。是的，那一年我們曾一起參與某些活動，擁有過一起努力過的革命情感，這都是人生旅程裡的美好延伸呀！**生命裡過客何其多，不論如何的來來去去，且讓我們共同珍惜，並與有緣分的人留下美好回憶吧！**

一期一會，學會珍惜

大家有沒有過這樣的經驗：

夜深人靜時，突然想起某個人，想要尋找對方，然後透過朋友的臉書，看到了那個想要找的人的大頭照，便順手加了帳號。一開始並沒有刻意想要知道或窺探些什麼，但剛好對方也在線上，在好奇心的驅使之下，自然地就敲了對方，聊上兩句……

「王總經理最近好嗎？」

「還不錯，身體很健康。」

「假日還是喜歡跑步？」

「是的！數十年如一日的習慣，總是很難改變。」

幾句簡單的寒暄問候，再閒聊瞎扯一些別人的近況，我們一邊聊著一邊找回記憶……

「很久不見，以前的老同學、老同事們都還有聯絡嗎？」我接著問。

「沒有了。但妳還記得你們部門的小張嗎？以前常常為了業務流程和妳爭個你死我活的那個啊！」

「什麼？我都忘了耶！唉呀，我那個時候怎麼那麼不懂事，總愛計較芝麻大小的事情呀！」

「那時妳們常跑進老闆辦公室裡鬧得不可開交……」兩個人忘了時間，愉快地聊著往事，心裡多是溫馨。

曾經很熟悉的人，隨著分離及時間的流逝，關係由濃轉淡，最後都變成了陌生人。當時聚在一起的我們，應該都沒有想過會有分開的一天吧？總以為會有大把的時間可以一起聊工作、罵主管、訴說彼此夢想……沒想到，過了多年分開之後，再來細說從頭，這些點點滴滴竟是如此令人感嘆與懷念。

其實，不論是求學時的朋友關係，或是社會工作的同事情誼，在過程裡發生的喜怒哀樂，一定都會成為未來很棒的回憶！所以如果能在衝突發生的時候，彼此都忍一忍，退一步海闊天空，讓事情有好結果，才能避免將來的遺憾。我記得一位在工作上很資深的前輩跟我告誡過：「廣結善緣，路才會走得越來越遠、越寬。」以前初出社會之際，實在聽不懂，總是為了當下的權利與情緒，和對方吵得不可開交，現在回頭想想，當時真的沒有必要。「地球是圓的，總會遇到該遇見的人。」，讓我們珍惜在時間的洪流裡認識的每一顆真心跟緣分吧！

減法生活更自在

當了解了人生是「往前推進」的原理之後，我會試著對遇見的每個人都好一點，畢竟，最終有一些人會不自覺在生命中消失，等到想要回頭找的時候，就像陳奕迅的歌詞一樣「張開手卻握不住些什麼」……因為不知道這時候碰見的人們，何時會淡出個人的人生旅程裡，也許就只有這一次機會，見一次就少一次，所以衷心期待能在每一次的相遇裡，留下的都是美好的回憶。

有一年，趁著歲末整理房子，想清出一些物品，讓家裡能多些空間。突然地就挖出一個大盒子，久到我都忘了它的存在。打開盒子一看，裡面是一些朋友們、同事們從國外寄回來的明信片與紀念品，頓時心中湧現許多想念……

「哇，這個人好久不見了，不知他最近好嗎？」

「這同事以前和她那麼麻吉，怎麼一分開就沒聯絡了呢？應該約個時間碰面的。」……

看到這些以往熟悉的人事物，腦子裡計畫著想和這些人見個面、吃飯聊天，但真只是想，因為發現最近實在忙得抽不時間啊！可是一看到這些明信片、紀念品，這件事就又會在心中沉甸甸壓著。最後決定把這些物品都清掉，只將當時賦予我的祝福刻記在心裡珍藏就好，同時也為他們祈禱，願他們不論在世界上的某一處，都能過著幸福開心的生活。

送走了壓在生命中的重量，不僅生活空間清爽，心靈也因為放下牽絆輕鬆許多，早該如此的。其實，生活的本質本就不該對某些東西特別有執念，而每個人的人生到了某個成熟的階段，自然也就能釋懷地讓人際關係自由來去。

珍惜每一次的相遇，也期待若有下一次的有緣再相聚，我們都親切的問候一句：「你好嗎？」

日期

從 1～10 今天有多開心？

1　2　3　4　5　6　7　8　9　10

[06]

自己蓋房子的比利時太太

我寧願生在一個充滿新奇神秘的世界，
而不願活在枯燥乏味的狹小世界
——Forsdick, Harry Emerson

以前學生時代曾經看過很多的遊記，可能現在聽來都是一些新世代沒有接觸過的書籍，譬如說《余秋雨的山居筆記》，在文人的視角裡，永遠有探索不完的世界，每一個小點一個小點的串聯，都能勾勒出不同的風貌。

有一年我接了網路專欄的案子，要做驚奇景點的介紹，在與編輯討論的時候，我相當挫折。

「我就不是一個會刻意搞笑或有趣的人啊，我寫出來的遊記都是特別重視人文與人物對話，不太符合驚奇的要點呀！」要有「有趣」的視角，才能寫出一篇有趣的文章，也才能讓閱讀的人跟著寫手的筆下世界神遊一番，增添生活樂趣，打破沉悶的生活步調。

有一回，我們接待老公的一群高中同學在我們家中聚會。其中一位遠嫁比利時的同學說：「我們在比利時的新家，要自己動手設計、自己搬水泥、自己蓋，所以，到現在結婚半年了，我們只蓋好了一樓。」

大家聽了都驚呼連連，一臉不可置信的表情：「哇，好棒哦！但為什麼要自己蓋？」

「因為親手規畫才浪漫跟充滿期待呀！」見她一臉幸福洋溢地說道。「每天工地工作結束後，我和老公都會來一瓶比利時啤酒，小酌一下。」

此時朋友們眼裡都閃著羨慕的眼光……

「不過因為他們對廚房規畫有很多不同的意見，所以進度很慢，或許你們下次來，我們還是只能讓你們睡後院了。」語畢，大夥兒們都笑成一片了。

在廚房忙著炒菜的我，耳朵也豎得高高的聆聽，其實心裡有很多的問號，卻不便提出。

「若是在台灣，老公說要自己蓋房子，還叫老婆去工地搬磚搬水泥，工作結束後再一起喝啤酒，難道大家還會覺得浪漫嗎？」朋友離開後，我忍不住問了老公。

「應該不會吧！大家會覺得是男人虐待老婆，老公會被罵翻了吧！但這種男女平等的尺度拿捏，在東方社會裡都很雙重標準啊，大家強調平等，卻又在某些時刻特別不適用，例如搬磚搬水泥這些事。」老公分析得頭頭是道。

—婚前婚後待遇大不同—

「外國的月亮比較圓。」老公忿忿不平地說：「這十多年來，其實大家都很開放，婚前都是比照國外的洋化，但是婚後卻要進入東方傳統牢籠。」

「怎麼說呢？」我好奇地問。

「說真的，摸著良心講，憑什麼婚後媽媽們就捨不得女兒出去工作，如果男人說家庭要雙薪，媽媽就會說女兒太辛苦，難道男人就不辛苦嗎？還要現代男人一起分擔做家務，真是不公平！」

聽完老公的一番話，我認真地思考了一下，發現婚前戀愛跟婚後生活確實不太相同，不論是比利時還是在台灣，婚後家人們在生活的干涉範圍上反而會越來越大，只是對於異國婚姻的包容度比較大一點而已。

有一次我到韓國旅行，意外地發現韓國的大男人主義，在結婚這件事上更是表露無遺！當時在聽到韓國婚禮是由女方支付結婚時一切所需的開銷跟費用，我真是驚呆了！連當時一起同行的朋友們，也非常不能認同。

「為什麼父母辛辛苦苦養了女兒，嫁到別人家裡還要自己付大筆的陪嫁品呢？」我們異口同聲的發出不平之鳴。

經過韓國友人的解釋下，我們才漸漸理解，原來韓國丈夫都希望娶進來的太太可以幫上自己家族的忙，如果女方能有豐厚的嫁妝跟背景當然是最好的啦。所以，若是在可以挑選的情況下，漂亮的、喜歡的、家庭背景好的，無疑是選擇老婆的幾個首要條件。（韓國女人也太委曲了吧？！）

在後來幾個大學同學們陸續嫁給了日本人、澳洲人、美國人之後，我才發現每個國家訴求的男女平等標準都不太一樣，唯一相同的價值觀就是「愛」了。愛，是充滿了包容跟忍耐，不論我們身邊的人，苛刻地說了什麼，或是有尖銳的批評，我們都該用寬闊的心靈去包容，而不是一味地鑽牛角尖，找彼此的麻煩，如同那嫁到比利時的女同學和老公「一起蓋房子」這件事情，如果台灣媽媽干涉太多，有太多負面的想法和情緒，搞不好早就拆散了這對異國鴛鴦也說不定。

—遠離說不通的價值觀—

透過「旅行」這件事，我們不難發現，每個國家的文化與風土民情的根深蒂固，你想要連根拔起，雖非不可能，但絕對不是一天兩天就能做到的事，所以與其跟它浪費時間，耗損自己的能量，不如就轉念，遠離說不通的價值觀吧！因為不論認同與否，每個人都有自身尊崇的核心價值，除了異國文化之外，其他如宗教、藝術價值……全都是見仁見智的自我觀點，沒有統一標準的是非對錯，全看個人的接受度，那麼又何必為了無解的事情，庸人自擾呢？

總而言之，不要期待用「愛」來改變一個人的價值觀！很多人常在尚未清楚了解對方的出身、家庭背景，或是民族文化，就在愛情的衝動之下進入神聖的婚姻殿堂，甚至遠嫁異鄉，雖說「愛情至上」，但一個不小心，很可能會因為不能適應而悲劇收場。

生命中會不斷地有許多新奇神秘的事物吸引著我們，唯有用平靜的心去面對、看待並包容當中的差異，才能真的過得知足也開心！

日期

從 1～10 今天有多開心？

1 2 3 4 5 6 7 8 9 10

第四章

職場人際線

人終其一生要花費很多的時間在工作裡；也因為和工作夥伴的長期相處，難免會有人際紛爭產生，讓自己心情不太美麗。常言道：「和氣生財」，想要職場順風順水，心情好壞真的很重要！只要心念轉變，讓自己時常處於心平氣和的狀態，就能擁有好氣場，創造大格局，也能與夥伴一同在職場中共同收穫豐碩果實。

[01]

小事不抓狂

生氣，就是拿別人的過錯來懲罰自己；
原諒別人，就是善待自己

做人，除了要認真做自己之外，更要學習「不遷怒別人」。

一般人在極大的工作壓力之下，常常很難時時保持心情愉快、面帶微笑……這不是要為自己找藉口，是真的很難！

年輕的時候，工作不像現在是自由工作的接專案型態，我是編制在公司的工作團隊裡，當時擔任的職務是總經理特助。也由於我一天到晚都是在總經理身邊，所以即使只是單純的想要跟其他部門的同事有互動，一起好好吃個午飯，竟也會被懷疑居心叵測，是不是要來探聽軍情？害我聽到這些揣測都哭笑不得！那時候被孤立的我，真的好想要離職呀！

當我開始接專案工作，有一次在一個知名的英文補教單位演講，那麼巧的就遇到了當時的前同事，我趁機問她：「為什麼那時候企劃部門的同事都不喜歡我啊？」

「我們沒有不喜歡妳呀！只因為妳是老闆的秘書，所以每次跟妳說話我們都會很緊張；加上當時大家事情都很多、很忙，工作壓力大，很怕自己做不好或說錯什麼，所以才少跟妳互動的，但真的沒有討厭妳，其實妳人蠻好的，有時候還很搞笑呢！」

聽完她的這番話，心情很舒坦，當時的那個心結終於打開了！

原來，只是因為當時的環境和時間關係，使得大家都沒有多餘的閒暇可以更深入地了解彼此，也才會對別人產生了誤會。演講結束後，我們還一起去吃了下午茶，變成了好朋友呢！

還記得多年前在工作的職場上，我們都會笑稱七年級生是「草莓族」，形容他們的抗壓性不足。但是隨著時間過去，當年的草莓族有不少人早已成為各公司獨當一面的小主管了，代表「抗壓能力」是可以隨著環境不同而調整的，當年進入職場的新鮮人，在時間以及做事經驗的累積下，終究會成為炙手可熱的新星。

但是在成為領導者的過程中，除了抗壓性很重要之外，還有一個很重要的關鍵，就是對於事情發生的當下所採取的因應態度。想要能在行業裡竄出頭的，或是能夠成為撐得久的常青樹的人，通常在承受龐大的壓力之下還要面對繁雜瑣事的同時，一定要能夠抱持著自我解嘲的方式，才越能把事情圓滿解決。

一一切都是為了自己好一

在北科大的「職場就業講座」會場上，面對一群準備要離開學校進入社會的新血，他們問我：「如果在職場上遇到自己不喜歡的公司制度或是老闆主管，該怎麼處理？」

這個問題相當有趣！因為每個人想要的目標都不一樣，當然不會有課本上的標準答案，所以我也詢問了各行各業的頂尖朋友們，來協助大家找到自己的答案。

房產金牌業務說：「不論任何主管，都有值得學習的地方，我們要快速吸收他們的優點，淡化他們的缺點，然後超越他們。」

一位資深工程師推著厚厚的眼鏡，嚴肅地表示：「我們當初選擇的是公司的品牌跟文化，並不會因為別人而改變我們的初衷，這主管不好，總有其他部門可以去，先問清楚其他部門的狀況，有機會再跳出去。」

而另一位資深媒體人則打趣地跟我說：「我胸無大志啦，但也有嘗試過不同的部門，一直尋到了我覺得最舒服的位置，就一直坐到現在了。總之，就是做自己喜歡且擅長的事情就好。」

透過各行各業朋友們的分享，讓我理解了當工作上發生問題的時候，要先反過來問問自己，未來的規畫是要往哪一個方向走？這樣才有助於釐清問題，看清楚自己真正需要的是什麼？又該如何有效地解決問題。

工作最怕的就是不開心，一不開心就容易卡關。

曾經遇到一位學員跟我訴苦：「我每天上班都不開心，覺得公司裡的人都不喜歡我，雖然在工作表現上我沒有什麼問題，可是同事們都說我難相處，我到底該怎麼辦？我已經難受得都不想要進辦公室了。」

跟她深談了幾次之後，從言談中我發現，不論我怎麼引導她或是追問她有沒有想過解決的方式，她都只是回答我：「我知道，我知道……不過我真的很不開心。」在約略溝通了兩三次之後，問題還是沒有得到解決。因為她總是擔心，若這樣做了，會不會有什麼其他不好的事發生；或是別人是不是會更討厭她？

知道了她的癥結之後，我告訴她：「若真的找不到好方法解決，那就不要再為這種小事掛心了。換個現實面來想，上班不是來交朋友的，是來賺錢的，只要有錢賺，偶爾看看同事的壞臉色，要嘛習慣就好；要嘛視而不見。當然，若是妳有更好的選擇，或是更好的環境，也可以轉身離開，不需要太抓狂的。」

本來有時候做事情就不可能只有好處沒有壞處，但如果凡事都只著眼在壞處，那事情就很難往好處的方向去推進了，對吧？

一說比做更容易一

當人處在困境時，千萬不要跟自己或對方講道理，當下需要的就是盡可能的獨處沉澱或陪伴。就像前面我說的個人經歷，在離職後遇到舊同事，心情才豁然開朗，原來當時大家只是在其位謀其職，都有各自的立場，一旦離開了那個環境之後想一想，其實雙方之間根本什麼事也沒有，何必因為自己的「想太多」而到處與人結仇呢？

其實不論做什麼，只要帶著愉快的心情，兢兢業業地做好自己本份才最重要！但怕的是如果因為別人而影響了自己的工作情緒與效率，然後影響了個人收入，破壞了穩定的經濟來源，最後可能還使得一整個家庭的生活失衡，這樣不是就又造成了自己更大的壓力嗎？

要先顧全大方向的安定，才能處理小事情的變動，不然若因爲芝麻小事就自亂陣腳，就不是我們要的正向循環了！所以，千萬要記住，不論是別人或自己，當思緒卡關時，不要講大道理，先轉移注意力，冷靜冷靜，喝杯咖啡、吃個美食、散散步都可以……頭腦冷靜之後再回頭處理。

[02]

不做生活管理也沒關係

天下的事情原來無謂好壞，
只不過由人們的想法左右而已
——莎士比亞

經常看到一些被商業週刊採訪的知名財經人士表示，在自家的書櫃裡，除了滿滿的專業工具書之外，其他諸如高效率人生整理術、工作表格管理……等等的書籍，也常是他們平日多會涉獵的內容，因為這些都是更能有效地幫助打理生活秩序，或是規畫工作領域、協助個人做好時間管理的重要取材。每每看到這些分享，心裡都驚呼連連，這些人哪來的那麼精力與時間啊？我不過一介素人，自婚後，工作家庭兩頭燒，連睡覺時間感覺都不夠，能擠出時間充實我的專業知識就很不容易了，想要再多看或學習更多的想法，就真的心有餘而力不足了呀！

在我採訪工作的經驗中也發現，好像大部分的專業人士都是這樣井然有序的。一進他們的辦公室，就看到這些人的公事包擺放得很整齊，衣櫃裡通常也只有黑、白、灰三種顏色，坐在乾淨明亮的黑色辦公桌後面，臉上總帶著唇紅齒白的迷人笑容，看上去就給人一種非常專業的形象，相對地也會提升了對他們的信任感。每次採訪結束後，我都會刻意地詢問，如何加強形象管理這方面的包裝？多數的人也都會提及他們從人生整理術這些相關書籍裡得到的種種收穫。果然，

「魔鬼藏在細節裡」，注重這些小細節就是形象提升的開始。

但，是否每一個人都需要做到這樣呢？

大部分剛進入職場的新鮮人，可以先從個人的書桌、衣櫥看出其工作特性。例如，我有一些年輕的朋友，個性比較隨性、洋化，所以剛開始上班的時候，打扮也總偏愛搖滾風、運動休閒風的穿搭打扮，衣櫥裡根本找不到半件正式的襯衫、西裝；但隨著工作性質的改變，若遇到要外出拜訪客戶、參加公司聚會……等等場合，能夠讓他們一早起床，不傷腦筋，馬上就可以搭配的簡約三件式襯衫、西裝的需要就漸漸增加了，慢慢地我發現，他們的衣櫃裡也開始都是類似的正式穿搭服裝，為了節省時間，增加效率，自然地也逐漸踏入了僵化的工作步調裡。

「今天早上，我平日常穿的那件黑西裝，居然不見了？不知道是不是放在洗衣店沒拿回來？我開會一向都是黑西裝搭配藍襯衫的呀，今天沒有了習慣的戰袍，總覺得開會都卡卡的，很不順利。」一位律師朋友這樣地跟我抱怨。

根據他的說法，在律師界開庭穿的那件袍子幾乎是不洗的，因為上面有勝利的磁場，若是清洗了，勝利磁場就會沒有了！也不知是不是真的？但當我第一次聽見這樣的妙聞時，不禁暗想：「律師是一個這麼重視邏輯的行業，居然也有這樣迷信的小環節，難道沒有穿那件一套袍子，能力就會下降嗎？」

我想會如此地被生活習慣所制約，心理因素應該大於現實因素吧！

各行各業不一樣，不被慣性制約

因為工作使然，常常要跑不同的工作圈，我發現每個圈子裡的頂尖人士，他們的生活方式和特質也都不盡相同，不見得每個人都是勤於做生活管理才會成功的呀！偶爾亂七八糟的隨性生活，也是工作創意靈感的來源。

有一次，我到一位做成音工程的朋友家裡做客，她指著工作室裡的一個角落說：「這一堆東西都是我從國外帶回來的紀念品，上面都是滿滿的回憶跟靈感，我還特別交待家人千萬不要收起來，若是收起來看不到這堆東西，我可能就做不出節目了。」

聽完她說的話，我再環視一下那個角落，心裡想的是：「這麼亂，怎麼可能找得到要的東西啊？」

接著，到她房間裡看到她的衣櫃，滿滿都是五顏六色、花不溜丟的衣服，我光是想到每天早上要從這一堆彩色的衣服中找到上衣跟褲子來穿搭出門，也太難了！但是，我這個朋友總是能非常迅速地就穿出個人的風格。

在偶遇了這麼多形形色色的人之後，我常常會思考：有些人是左腦發達，有些人則是右腦發達，所以每個人應自有一套適合的生活整理術，並不能照書或規則統一套用。例如，有的人要亂七八糟的才有靈感，在他們的定義叫「亂中有序」；而有些人則喜歡一目瞭然、整齊乾淨，只要一個東西放錯了位置，就會緊張兮兮的。

當然也由於每個人的想法跟認知不同，所以才會在職場上占有不同的位置，各自發揮不同的天份，如同在一間公司裡面有很多不同的部門，常常需要跨部門合作，於是溝通協調更顯重要！但每個部門一定都有自己習慣的模式，會不會也容易產生上述的類似衝突？究竟哪一種的方式才是正確的呢？這時候就要拿出我們常說的兩個字「溝通」來用了，彼此可以先將自己的工作習慣條列出來，然後兩方再來協調配合的可能，最後取其能達到最大成果的磨合方法，就是最好的合作方式了，也唯有如此開放的心態，才能讓工作有效率又圓滿。

「不用自己的框架套住別人」

每一次應邀到別人家中作客，我特別喜歡瀏覽他人家中的藏書，因為每個人喜歡閱讀的風格都不一樣，有些人喜歡看家政類的書；有些人則都是小說居多，不同的成長背景以及人生閱歷，讓每個人朝不同的方向去吸收知識。但有些人因此將書中所學習到的，再用模仿的方式套用到自己的行為模式裡，所以，一旦遇到與自己的習慣或行為很不一樣的人，很容易就用自己的框架往別人的身上套，並加以批評、挑出與自己不同的地方，進而把他們歸類成與自己是不同圈子的人，只願意與「物以類聚」的人一起。

看到這裡，你是不是跟我有一樣的想法：「那這樣不都是只能認識同一類型的朋友了嗎？生活多無趣啊！」

沒錯！所以與其總是說：「這個人怎麼會這樣？」不如換個角度來看：「啊～原來還有這樣的人呀！」就像我很喜歡的一部知名攝影機廣告詞說的：「透過你的眼界，我認識更多的世界！」**一個轉念，就會發現更多新世界！越能欣賞別人的不同，生活就會越來越美好！**

日期

從 1～10 今天有多開心？

1 2 3 4 5 6 7 8 9 10

[03]

沒做「錯」就不想「對」

想要獲取知識，我們必須要不斷
從這個世界中找到新的問題
——Langer, S.K.

當我們還是小孩子的時候，對於「未知」總是充滿好奇。蘋果一定是紅色的嗎？也許也有綠色的哦；香蕉一定都是甜的嗎？會不會其實也會有酸的啊！小腦袋裡總是想知道很多很多，有許多的好奇。

我最近發現兩歲的女兒居然很喜歡吃蔥、吃苦瓜，我驚訝地把這件事跟老公和家人分享，大家也都覺得這孩子很特別，因為這些都是大部分的小孩子不愛吃的食物，為什麼她特別喜歡呢？後來我想想，蔥和苦瓜本來就是食物啊，能吃是很自然的事啊，為什麼我們大人見兩歲的孩子喜歡吃就感覺特別新奇，大驚小怪的呢？我想或許是因為我們對違反常態的事已習以為常了；也可能是因為隨著年紀的增長，磨損了我們對事情的接受度跟包容力吧！

「不行，要照我們教育訓練時的流程做，不然你做錯了，我是要揹黑鍋的耶。」有一回隨著友人，到一家公司擔任教育訓練的助教，看著台上的講師，一步一步地引導學員，希望學員可以照著流程跟步驟執行。我私下問其他人，為什麼那麼大的企業體系，還需要這樣制式化的訓練呢？原來是因為這間企業作業鏈的連結很多，如果沒有一套規章來按步就班地徹底執行，中高階主管可能無法預估這中間會不會有新人出包？出包導致的損失又該誰來概括承受呢？就因為有這一層的考量，所以大多數的中高階主管都希望新人按章工作，跟著步驟做「對」的事情。聽完他說的話，我不禁想：「若是每個人在一開始動作之前，因為都只想做對的事，為了怕犯錯而不敢冒險，也不想多嘗試，雖然都做對了，但結果是大家做出來的東西都一樣，那麼又如何會有更多的突破或精彩的創意呢？遇到瓶頸的時候又該怎麼呢？」

活動結束後，回到晚上休息的飯店，我跟助教們分享我的想法，大多數人也相當認同。

這時，有一位研究所畢業的助教卻說出了不同的看法：「其實，每個人在公司裡負責的內容，一定都有初階、進階之分，就像漫畫《灌籃高手》裡安西教練說過的一段話：『一開始要先練習小人物的上籃，等到基本動作熟悉後，創意就可以自由變化了。』」

「那會不會在基本動作練熟的過程中，就磨損了創意的熱情呢？」我忍不住問。

「若真是這樣，那也沒辦法呀！這就是一個汰弱留強的社會，適者生存，也就是因為這樣，才需要在一開始的時候做統一的訓練。」

聽完這番話，我打從心裡覺得可惜！畢竟每個人都有自己的天分，如同不一樣的種子就是要開出不同的花朵，花園裡才會花團錦簇，也才有百花爭艷呀！

一符合需求卻保留自我一

古人常講說：「兼容並蓄，中庸之道。」說起來很容易，實際執行起來卻相當困難，為什麼呢？我曾經聽過兩個社會新鮮人的對話……

A先生說：「小合姐，我個人覺得想要爭取工作已經很不容易了，只要把該做的做好就好了，主管若喜歡我，相信未來有機會就會推薦我，何必總是想要出頭，個人意見太多，這樣對案子一點也沒有好處。」

B先生則說：「我進這間公司不是為了來做別人做過的案子，如果不讓我展現創意，給我能創新的空間，那主管怎麼可能看得到我，會給我升遷機會呢？」

對於這兩位不同的想法與考量，我覺得都沒錯，只是隨著在職場上的機會不同，我們應該視情勢來做出不同的判斷與決定。

例如：如果現在公司部門遇到了重大危機，需要有創新的做法立刻拉高網路點擊率，當然B先生就要馬上大膽嘗試，不必在乎對錯，因為是「結果論」，只要有效，想要怎麼創新都不設限；但假設現在公司一直都是賠錢的狀況，主管也決定要走保守路線，那麼就要按照A先生的方式了，畢竟，留得青山在，不怕沒柴燒。

姑且不論是哪一種方式，大家的出發點都是為了案子能順利進行推動，不論方式是什麼，只要結果好就好了，步驟是對是錯已經是其次的問題了。每一次都先試做一點點，有偏離再修正，這樣壓力才會減輕，你也不會一直處於焦慮沒有把握的狀態。一旦開始了就是好事，只要放輕鬆，自然會有好結果，最怕的是，連開始都還沒有，事情就無疾而終了。

——不拘泥對錯，即可打開更多的思維——

創新需要勇氣。還記得當年周星馳開啟了「無厘頭」的電影搞笑風格，完全突破了電影的幽默表現規則，讓影迷為之瘋狂！而在商場上，大陸的火鍋事業「海底撈」，其創新經營的方法也有別於過去的窠臼經營模式，所以遠度重洋跨海來台，反應仍是超火。兩者雖然是不同產業，但最大的相同點就是在開創初期，也沒預料到會有這麼好的反應，能在市場上如此大受歡迎，就是憑著一股創新的精神去大膽執行，試問，現在還會有人去討論創新的形式是對的還是錯的嗎？只要結果是好的，就是對的。

生活裡，不論是人或事，往往都只有立場跟想法的不同，沒有絕對的誰對誰錯，**與其要把時間花在爭論與釐清對錯上，不如就採「結果論」，讓想法、邏輯能夠跳脫出來，有別於以往的一條路走到底模式，讓自己能有更多新的思維邏輯**，不再單單只糾結於YES或NO，相信你看待事情的角度一定能夠更有寬度與深度。

日期

從 1～10 今天有多開心？

1 2 3 4 5 6 7 8 9 10

[04]

勉強改變別人，自己不一定好過

外來的幫助，容易消磨一個人的志氣；
而來自內心的力量，總能磨練一個人的精神
——Smiles, S

還記得在剛踏入職場的時候，有一陣子擔任的是業務工作，對於「拜訪客戶」這件事，我很緊張，即使經過職前教育、事前演練還是很害怕，因為拜訪的都是陌生人。

「怎麼辦？怎麼辦？跟客戶見面要先說什麼？如果門口的警衛問我要幹嘛，我該怎麼說？」我像隻熱鍋上的螞蟻似的一連串的發問。

當時的主管只對我說了一句話：「就先去了吧！有我在，不要怕。」一派地輕鬆，再丟給我一個肯定的微笑，頓時讓我倍感安心，也提高了自信心，相信今天一定會非常的順利！一直到現在，我對那位在一路上不斷地協助與教導我的主管，仍是念念不忘、心存感激。

隨著時間的累積，我陸續上了許多與業務有關的課程，也遇過相當多不同層級的業務主管，但對本來深信不疑的話卻起了疑心，例如，當後來有主管好心安慰我的時候，我都會心生疑問：「他這句話真的是在安撫我嗎？」「主管常說

『有我真好』，是真的嗎？」……

回頭想一想，這一路在職場上，從一開始的懵懵懂懂到現在遊刃有餘的商業合作過程裡，我發現真心與誠信才是互信互利的根本，發自內心的相信，在緊張時簡單的一句加油打氣，卻能讓對方有如神助，業務洽談自會特別順利！

所以，後來上課的時候，有學員問我：「為什麼我上了那麼多的課程，業績還是不好？」

我反問他：「公司中你最信賴的人是誰？」

他說：「我只相信我自己。」

真相終於大白！很多時候能夠讓商業拓展成功的原因，個人能力或業務條件往往不是最重要的，而是那一份願意信賴團隊的堅定心情。

—神救援？還是豬隊友？—

有一次，我參加了愛玩旅遊舉辦的攀樹活動，一想到要把自己扣上扣環攀上三層樓高的樹，兩隻腳就嚇得抖到不行。

「我怎麼可能辦得到啦？」

一旁的木陽教練說：「相信自己，也相信這兩條安全繩！」

深呼吸一口氣，豁出去地踏出了第一步，看著旁邊的同仁幫我加油打氣，我小心翼翼地、慢慢地攀了上去。攀爬到一半，哎喲喂呀，頭皮直發麻，根本不敢往下看。但在這時候又聽到教練的鼓勵：「再往上一層，就會看到不同的風景。」

我只好頂著發麻的頭皮，再繼續往上爬。終於在精疲力盡之前，爬上了樹頂。

卸下裝備，定睛一看：「哇~這裡的景緻真好！」我坐在樹梢上，啜一口咖啡喘口氣，忍不住地驚呼。

「是不是？只要妳想上來，就一定上得來，妳做到了！」身旁的教練回答我。

「每個人都上得來嗎？」我好奇地問。

「那要看自己想不想。有些人怕高，或擔心自己的體力，只一昧的排斥，卻不願意跟我們說清楚難處，所以我們想要讓他攀樹，還真要費一番功夫呢。」教練無奈地表示。

透過教練的心情分享，不禁讓我聯想到，在一個公司團隊裡不也是這樣？有人想要改變，就會主動找方法；但如果硬是想要改變別人，反而可能會有反效果產生。

不少朋友都跟我這樣抱怨過：「明明想要的是神救援，誰知道總遇到豬隊友！」當團隊沒有相同共識，或是自己不想要改變的時候，不論別人給了什麼樣的好東西，也會有消化不良的危險，如同中醫說的：「虛不受補。」再好的補藥，也要身體狀況可以吸收才能見效。心靈也是一樣的，當工作的心靈素質沒有提升，想要改變別人，不見得對方可以接受，甚至還可能因為雙方意見不同，不但沒能達成目的，還把自己搞得也不好過。

「無條件的信任是一種福氣」

心靈最大的寬度，莫過於對別人無條件的信任了，越是信任別人的良善，自然容易結交朋友，而非樹立敵人。但是說起來簡單，做起來真的不容易！重要的是要讓自己經常處在心有餘裕的狀態，壓力少，心的容量就寬，防禦的牆就不會築得那麼高，也能放進更多的信任。就像那一天爬3層樓高的樹，光看到那高度我就腳軟了，如果沒有「相信」那兩條安全繩，加上大家的加油打氣，或許爬到一半我就放棄了呢！

工作上可以找到自己信賴的夥伴是一種福氣！因為一個人的力量有限，要集合眾人的力量，速度才會快，可以做的事情也才會多，所以，**千萬不要任意地想改變團隊中的夥伴，而是要改變自己的心態，相信對方的能力與所處的位置，不掌控、不批判，才是最佳的合作狀態。**

日期

從 1～10 今天有多開心？

1 2 3 4 5 6 7 8 9 10

[05]

有被討厭的勇氣嗎？

過多的幫助，
有時候比沒有幫助更糟
——狄更斯

有一步很棒的電影《哈佛沒教的幸福課》，其中有一段劇情是女主角接受心理醫師的諮詢，希望可以達成人生清單的過程。在詳列目標的清單上，有一項是：喝到小時候最喜歡的櫻桃汽水。女主角問：「真的只要喝到了汽水，我就會幸福了嗎？」劇中屬高知識份子的女主角，對於多數的事情總是充滿了質疑，不僅忘了初心，更忘了要去感受在當中我們該有的體悟，過程往往比結果更重要，不是嗎？

有一回，我遇到一個剛從研究所畢業的社會新鮮人，他說雖然進了資優的學校，但是一直很不開心！

我問他：「為什麼？」

「因為家裡父母兄弟都是工程人員，大家討論的話題都是繞著科技打轉，所以自然我也選擇了相關科系就讀。但沒想到，在這段求學過程裡發現，我根本對冷冰冰的科技知識不感興趣，我喜歡的是能夠與人接觸、有溫度的相關學習，例如社會服務之類的，所以研究所期間一直沒有辦法對課業投入熱情，連畢業製作也是勉為其難才完成的。」這位新鮮人無奈地道來。

「那你有跟家人反應嗎？」

「我不敢，我在家排行最小，父母都認為學習科技是我們家的傳統，不可能允許我做服務業的。」

我泡了杯好喝的咖啡配上他帶來的巧克力蛋糕，一邊聽著他說著……

明天，他就要進行台北的一場工作甄選面試會，我知道他很緊張，但沒有給太多專業性建議，我只是鼓勵他：「只要是真的喜歡，那就去認真去試試吧！」

隔天，他在甄選會場打電話給我：「小合姐，我甄選上了，我要從事飯店餐飲業了！」從電話那端，我感受到滿滿的喜悅。

做自己喜歡的事情跟做別人提供的選擇，究竟哪一個對未來比較好呢？我們很難從當下的狀況論斷，就像種下了一顆種子，你必須要開始施肥、澆水，等它發芽，直至長了葉子才能開始修剪枝幹、定型，這些過程都需要耐心等待，但重要的是要讓種子有「冒芽」的勇氣，這層殼雖然是堅硬的，但只要有心，真心的想從內往外掙脫，破殼而出，就一定能長得挺拔茁壯。

藉對事物的堅持強化自信

在職場上，除了追求頭銜、追求業績、追求金錢的回饋，我也常常問一些成功的經理人們，除此之外，你們還享受了什麼呢？不少商界的主管都回答我：「享受打勝仗的滋味啊，還有在會議桌上為原則把關啊，或是我們的點子能讓整個案子順利的推進……，儘管我們只是小小的螺絲釘，但卻非常有成就感，也能快速地增加個人自信！」

在狼性職場的文化推進下，不少企業開始反思，我們過去十年的職場教育方式是否太放鬆，缺少刺激，以致我們不夠有競爭力跟緊張感，也讓我們越來越習於守舊。

「我根本不想加班，但是因為其他同事都沒人有異議，若說出想法，我怕會被ㄉㄧㄤ。」「溝通很麻煩，又要解釋理由、還要傾聽狀況，我不想嘗試，反正我只想準時上下班。」……我從進入職場快十年的Sandy嘴巴中聽到這些碎碎念，覺得非常驚訝：「為什麼妳會這麼想呢？妳這樣上班豈不是很沒有動力嗎？」

「又沒差，反正現在的工作事務都很固定，也沒有什麼必要再去變動，我一個人調整可能就會影響很多人，算了，還是不要惹麻煩，穩穩領薪水就好了。」Sandy懶懶地跟我說。

的確，若非萬不得已，沒有人願意成為眾矢之的。尤其在團體裡，很多人怕被討厭，所以就自己預設立場，閉口不提想法，放棄表達的權利。但若是人人都三緘其口，個人或團隊又怎麼會進步？而且，日積月累下來，一定會心生不滿，對環境或工作就會愈來愈消極。所以，千萬不要怕堅持立場，只要能夠秉持著溝通的三個步驟：「告知、理解、接受」，相信還是能夠達到有效的溝通的。有問題就開口提出來，理性地表達想法，當得到回應大家在討論的時候，也要能理解每一個人的意見，最後心平氣和的接受結果，這樣事情才能得以解決，心裡也不會累積壓力。當然，有的人會以「聊八卦」的方式把一些壓力說出來，雖然可能也有抒發的效果，只是問題並沒有得到解決，建議還是用正確的方式和管道來處理會比較好哦。

—尊重對方有討厭你的權利—

在職場上，大家互動的越久，就越瞭解對方的個性，但也因此愈容易產生衝突……

「妳明明知道我以前做企劃的習慣，為什麼這一次要改變原來的模式？」

有一次我在擔任展覽公司總經理特助的時候，老闆拿著企劃書指著鼻子問我，口氣相當兇狠，我當場嚇得直發抖！

我故作鎮定的把話說清楚：「過去的格式確實很好用，可是我們試了一下，發現修改了一個小部分之後，會更好閱讀，所以才改變了原來的模式。」

說完，我撇一下老闆的臉色，只見他表情稍微鬆了點，語氣緩和地說：「好吧，我試試，但是下次要改我的東西之前，要先跟我討論一下。」然後一個華麗的轉身，就離開了。

每個人的心裡多多少少對未知的事情都會有恐懼，甚至在還沒有嘗試之前，就開始了心裡的小劇場……

「假如我先說了，依照對方的個性，一定會暴跳如雷！」「如果我做了，搞不好他會怎麼想。」……不論我們先預設了多少的立場，可能永遠猜不準，也想不到別人的真實反應會是怎樣？而且，隨著時空的不同、年歲的增長、經驗閱歷的不一樣，得到的結果也都會不盡相同。所以不要再浪費時間，做些無謂或不實際的揣測，只要在發生事情的當下，**能夠以站在對方的立場去處理事情，即使結果差強人意，或是被人討厭了也沒關係，因爲每個人都有討厭你的權利，只要問心無愧，沒關係。**

[06]

自我覺察沒有用？

學會放下，懂得從容；
把明媚裝在心中，簡單的快樂，穩穩的幸福

「從30多歲起我就很努力，但是目前我看不到未來，也不覺得努力下去有用，每天只想要活在當下！開心就好了。」在演講的時候，有一位學員這樣跟我說。

「但是，你不是排了滿滿的進修課程嗎？學習不是有很多獲得嗎？」我反問他。

學員皺著眉頭一臉無奈地說：「在工作上我真的表現算不錯了，但是不知道為什麼，只要身旁有人超越我，我就會越來越緊張，越來越有壓力，這樣好辛苦啊！」

有方向、有目標的人，往往都希望照著人生進度走，但是如果對自己要求過於嚴格，可能也不是件好事情吧！

過去我常聽到「按表操課」，對於很多年紀較長的父母們來說，教育孩子就是不要落於人後，所以總是要和別人「比較」，我的家庭教育即是如此。

從小我的學業成績就一路被比到大之外，連結婚、工作、生小孩，也都樣樣要「被比較」。一進入適婚年齡，我的心裡就非常緊張，心裡想著一定要在30歲之前把自己嫁掉；進入職場之後，又擔心若沒有在40歲前升遷到一個什麼樣的主管位置，是不是就落後了別人許多？人生就這樣一路的處在「比較」的壓力之下。

我曾經想過一個問題：「我有沒有因為這樣的壓力，而在過程中錯失了一些美好？」這個答案，藉由一個學生的問題，我得到了結論。

有個學生問我：「如果聽別人的話，而且照著去做，結果一定會是好的嗎？」

我思考了一下回答他：「沒有人應該對別人的生活負責，重要的是你自己想要什麼，能不能接受努力後的結果？」

這答案，同時也回答了當時充滿疑問的我。

面對競爭且複雜的職場生活，大部分的人都只會越來越迷惘混亂，要讓自己能夠在這樣的混亂中依然能清醒地保有自我，不隨波逐流，清楚知道自己要的是什麼，除了仰賴自己的人生價值觀之外，更開放的胸襟、更大的包容心，都是讓自己能堅定信念的不二法門。當然，相處的對象也是重要關鍵，因為或多或少都有可能受其影響，所以一定要慎重選擇，例如有些人天生開朗，適合談心當抒壓對象；有些人天生嚴謹，則適合當解惑諮詢對象。人生隨著20歲、30歲、40歲……年紀愈長，經歷愈多，更能自我覺察，再依著心之所向邊走邊修正，定能身之所往。

—好重啊！把擔子卸下來吧—

大家有看運動比賽的興趣嗎？我很喜歡跟老公一起欣賞運動比賽，看這些運動選手在良性的競爭下能撐到最後，往往都需要極強的抗壓性。

「為什麼每天都練習了還是會輸啊！」每每看賽事時，都忍不住發生這樣的感嘆。

老公說：「因為平常練習沒有壓力呀！但在比賽時，通常會給自己很多的壓力，連過去的挫折、不順可能也會忽然在那一瞬間想起來，就發生了失常的現象。」

「哇，這跟職場狀況很像耶！像我要去演講的時候，也常常很有壓力，只要換了對象跟環境，我還是怕講不好，還是會緊張！」我無奈地說。

「不論演講多少次，每一次對我來說都像是第一次一樣。」我每次跟台下的學員分享我這樣的心情時，台下的學員都會反問我：「那要怎麼做才能不緊張呢？」

「通常我若是在前一天就已經備好課，那麼演講當天，我就會提早起床、靜坐冥想，讓自己腦袋先放空，那麼我需要的東西才可以進來並不會忘，比方說演講內容或是寫作靈感；然後，吃一頓豐盛的早餐，早餐很重要！」提早做好準備，時間遊刃有餘，心無旁騖，自然就不會緊張了。

一位心理諮詢師的朋友跟我說：「心理不健康時，相對地身體也難以健康，因為心情是會影響賀爾蒙的分泌的。」當時，我不太能理解，後來朋友進一步說明：「因為身體就像是一部電腦的硬體，心理的層面就像是電腦需要的軟體，我們要隨時調整軟體裡的程式碼，這樣電腦才會跑得順也跑得快，不會Bug（指電腦短路或發生錯誤）。由此可證，**心理影響生理，想要維持好的狀況，就要時時校準心態，當我們腦袋Bug的時候，一定要能靜下心來，好好沉澱，自我覺**

察找出問題加以解決，這才是正確的！

所以，一早我喜歡藉由靜坐、冥想讓腦袋清醒、心情放鬆，進而影響生理讓其呈現最佳狀態。於是早餐時，能聞到食物的芳香，連窗外悅耳的小鳥叫聲，都能清楚聽見；寫稿的時候，五感纖細敏銳，能靈感源源不絕、文如行雲流水……所以心無旁騖真的很重要！而透過靜坐、冥想或是散步多種自我覺察的方式，就能提高工作的專注力，當這些習慣養成之後，未來即使有突發狀況，也不容易因過度緊張而有失常的狀況發生。

讓心像小鳥一樣自在

每一個人對工作都會有倦勤的時候，很多人問我：「雖然妳把興趣當工作，但這樣一直寫稿，也會累吧？」

我總是這樣回答：「當然會呀！因為有時候會寫不出來，但大部分是擔心寫得不好，或是不能自由自在地寫自己想要寫的東西。」

「那……這時候妳會怎麼辦？」

「哈哈，這時候就要讓自己的心像小鳥一樣的四處飛啊！」我打趣地說。

聽起來像玩笑，但也的確是這樣。每回只要我工作卡住或撞牆的時候，我就會啟動自我察覺的功能，告訴自己：「靜下來。」先問問心裡的這隻小鳥怎麼了？是依然活躍的四處跳著，還是悶悶地不想動呢？若是精神狀態不太好，那麼就放這隻鳥兒去外面繞一繞，換個空間，做一些會開心的事，然後再飛回來繼續工作，因為只有心中的小鳥活潑了起來，煩心棘手的工作才能解決，也才能快速地達成目標，這才是「自我覺察」的最終目的。

[07]

又不是老闆，說什麼「辛苦了」

如果費盡苦心，只是想要在工作上獲得報酬，你將困難重重；但當你專心工作，並發自內心喜愛它，你便能輕易從中獲得報酬

——托爾斯泰

我在大學時期非常喜歡打工，曾經在一個暑假期間就打了三份工作，同學們都覺得很驚訝：「三份工作？妳時間都是怎麼安排的啊？」

「週六日我到民調中心打市調電話，一個班次有六百塊，兩天就三千了！然後週一到週五做便利商店的早班，吃過晚餐之後，再到廣播電台做大夜班，還可以偷時間睡個覺。」我自豪地說。

同學問我：「妳有這麼缺錢嗎？」

「沒有啊！我只是覺得打工很有趣，而且三份工作的屬性都不一樣耶。」

我當時覺得台北就是一個大千世界，在不同的工作領域裡可以認識很多不同的人，工作就像聯誼一樣，非常有趣！

後來，當真的要開始進入社會找工作的時候，大部分的人都會以「薪水」為優先考量，我卻反其道而行……

「妳找的什麼工作？大學畢業為什麼不去媒體業，跑來電子廣場賣電腦喇叭？」身邊的家人朋友都覺得我莫名其妙。

「我想要學業務銷售啊！我在店裡賣產品，不僅可以學會銷售，更能面對群眾學習推銷自己。」

旁邊的人聽完我的說法都不禁搖搖頭，仍不時跟我說：「要不要回來做電視？這樣學歷才不會平白浪費掉了。」

最後我還是沒聽進去，總覺得有一天我是會回到傳媒業的，但在那之前，我要先找出自己的興趣、喜好跟強項。

現在回想起來，當時銷售的工作確實有帶給我很多的樂趣，但也有不開心的時候，例如，被奧客給氣哭了，或是總覺得老闆一點都不懂體恤我們的委曲。

「總經理今天有來巡視櫃位耶！」同事們告訴我。

「真的哦，他有說什麼嗎？妳有沒有跟他說喇叭不好賣、客人說損壞率很高……這些事。」

「沒有耶！他只是跟我微笑、點點頭，然後說了一句『辛苦了！』」

「什麼啊？那他知道我們每天被客戶的電話煩到連睡覺都會做惡夢嗎？」心直口快的我，只急著抱怨著客戶的狀況。

門市店長看著我們兩個一臉委屈，便自掏腰包請我們吃午餐當是慰勞。而這一段時期的工作經驗，也成了日後我在演講或職場訓練時寶貴的分享內容之一。

拉平位置就不用換腦袋

回想當時的狀況，深深覺得身為第一線銷售人員，真是一個相當辛苦但也有趣的工作，如果沒有當時多個打工經驗以及門市銷售人員工作的體驗，又怎麼能同理心的跟大部分的業務學員來分享心情感受呢？

以前我媽常說我：「一年換24個頭家，妳回家過年都還嫌早的呢！」嫌我換工作換得太頻繁了。年輕的時候，總想挑戰各種不同性質的工作，例如，有一次找的是擔任購物台珠寶商品行銷企劃的工作，我不僅每個星期要從台中搭車往返台北開會，還要準備現場的商品布置跟設計節目流程；甚至，有時還要搭飛機到上海、北京辦展覽……滿滿豐富的工作回憶，也讓我練就許多紮實的基本工。

我在上課的時候最喜歡學員問我：「妳到底一共賣過多少東西？妳怎麼那麼了解做業務的辛苦？」

這時候，我就可以挖箱寶的把之前林林總總的經驗，跟他們分享，像是我在20幾歲的時候，曾經在早上五點的寒冬裡，摸黑到學校去推廣保健商品，當然也曾經歷過多次的拒絕，但最後簽到業績訂單的喜悅，我永遠忘不了；還有一次是要到電視台銷售珠寶，那時一個人身懷許多貴重商品，一路怕被搶劫的忐忑心情，至今也永難忘懷。這一切一切的辛苦在當時都算是有了回報，所以現在才能如數家珍的跟學員們分享並給予安慰。試想，若在辛苦的當時，一個完全沒有經歷過同樣感受的人來拍著我的肩膀跟我說：「沒什麼，只是過程，辛苦妳囉！」我想我一定會在心裡翻無數個白眼吧：「你沒有經歷過，怎麼會懂！」

一個沒有從基層做起的老闆，是很難了解前線人員的辛苦的！倘若沒有這樣的人生歷練，那麼就只要扮演好「分享」跟「聆聽」的角色就好，如同我不可能跟年長的學員有一樣多的人生經驗，所以，在分享並給予安慰的同時，絕對不可能跟他們說「辛苦了」這樣的話，因為我無法體會他們經歷過的人生，我只能給予一個微笑跟支持肯定。

用「加油、謝謝」取代「辛苦了」

當我們在職場上搞不清楚對方的工作內容，甚至不知對方遭遇了什麼困難的同時，不妨就說句「加油！」就好了，畢竟，抱怨的話大家都不喜歡說，更不想在工作夥伴前示弱，尤其是到了某一個工作層級，或是年資稍長，越是必須要經營自身強勢專業的形象。

職場如同大海，當大環境轉換太快時，人與人之間很難有機會深入，自然也不需要太費神去探究對方的能力與工作狀況，不如在對方需要的時候，適時地加加油、打打氣，甚至表達感恩之意，或者來個熱情的擁抱，相信對方都能感受到你滿滿的熱情與心意。

日期

從 1～10 今天有多開心？

1 2 3 4 5 6 7 8 9 10

第五章

放過自己，不完美也可以

佛經裡常提到「我執」，一個人擇善固執，是努力與堅持，可以完成許多的目標，有所成就；但倘若是固執己見，則可能淪為剛愎自用，不僅會為自己帶來沉重的壓力，事情也不見得會順遂。所以，當你在嚴以律己時，也勿忘寬以待人，尤其知音難尋，知你者更要珍惜！

[01]

何苦累死自己，
把工作讓出來大家做

一個人的心有多寬，
路就會有多寬
——盧卡斯

在《挺身而進》（註2）一書中提到：身為女性，如果想要擁有事業跟家庭，一定要懂得把工作讓出來。在我擔任雜誌的責任編輯工作時，曾經接觸過很多的成功女性，這些女性的成功之處並不是僅在事業上有亮眼的成就，大多數受訪者對於持家之道也都自有一番獨特的見解。

我記得曾經有一位女企業家說過：「即使再忙，我每天一定會保留一些跟老公撒嬌的時間，因為家裡的家務他都包辦了，包括洗碗、洗衣服、整理房子……等等，我只要每天心懷感激地大大稱讚他，不僅能安慰他的辛苦，也讓我們夫妻之間的關係更諧和。」

當時看著坐在我面前這位50歲的女強人精幹的模樣，我實在很難想像她像個小女人似地跟老公撒嬌的模樣。

「家裡工作的分擔，不是誰一定要做，而是誰想要做！」有一回婆婆這樣跟我分享。

聽到婆婆這樣說，心裡很是感激！其實在傳統家庭長大的我，母親總是跟我說：「女人要把家事做好，讓先生沒有後顧之憂。」於是不知不覺的在婚後就習慣性的把家裡的工作都攬在身上，我從一個愛撒嬌的小女兒變成了嘮叨的老婆、媽媽！但沒想到我的婆婆卻跟我說：「現在都是雙薪家庭，女人要跟歐美的女性一樣有工作權……，所以家裡的家務事自然也應該要雙方分攤。」

婆婆的想法在我的心裡造成了不小的衝擊，於是我也開始學習並漸漸習慣把工作讓出來。在家裡，我挑我擅長的家事來做，老公則負責掃地拖地，而且不論他掃地的方式或是拖地的方法是怎樣的，我都不加干涉。

凡事要先有餘裕，才能有彈性！過去在工作中學到的領導統馭或是經營管理，在生活中真的很難執行，但婚後因為開始懂得放手跟信任，這樣的小小改變，反而讓彼此都能發揮所長、互相信任，相對的壓力跟負擔也能減輕不少。

時時讓自己保持彈性

你，真的了解自己嗎？我很希望當你在閱讀這本書的時候，可以先靜下心來好好地沉澱一下，想想最近開心嗎？是每天都繃得緊緊的、時間都排得滿滿的？還是有好好的善待自己，總是適時地給自己較多的空間討好自己呢？如果，開始感到時間、空間都不夠了，又怎麼溫柔的起來呢？

有一次我和同事一起去訪問一位知名的心理醫師，訪問結束後，我好奇地問：「請問醫師，若是我們每一天的工作量都排的滿滿的，那麼賺錢到底是為了什麼？」

醫師回答我：「年輕時，我常常連睡覺的時間都不夠，因為當時念哈佛大學，巴不得可以快速地把書都讀完，一天24小時根本都不夠用。」

「哇，這麼拚！那您現在不需要唸書了，時間應該寬裕很多了。」我笑笑地說。

「可是我又開始拚事業，每天除了看病人，還要同步經營國內外的產業，反而更忙、更沒有時間。」醫師眉頭深鎖叨叨地唸著。

見他生活壓力那麼大，在後來我們跟他成為朋友之後，為了能讓他心情愉快，每隔一段時間，我們就會抽空去找他聊天，或是跟他約時間帶他出去放鬆，硬逼著他將手上的一些工作分配出去，好讓他能多點時間留給自己，不論是跟我們這群年輕人一起去唱歌，或是參加靜坐，甚至是自己一個人，只要能暫且放下工作都好。

每一個人追求的目標、位置跟價值觀都不同，以我自己來說，有時同學都會笑罵我對於生活和工作都太汲汲營營了，的確！過去我曾經因為想要同時追求很多的目標或完成很多的事，於是時間就會被卡的滿滿的，人就會變得缺乏彈性，有時反而招致身邊的人叫苦連天、怨聲載道。其實，「過生活」有很多不同的模式，可以過得緊張兮兮，也可以輕鬆駕馭，同樣都能達到你要的結果。比如說，你很想辦同學會，若是你一個人從約時間、聯繫到找餐廳都自己來，那可能累個半死都不一定能把事順利完成；但若是你就做個發起人，然後請一些朋友來共同規畫，有的人負責找餐廳，有的人負責聯繫同學……，事情反而更能有效完成。不要把所有的大小事都一肩攬，試著讓別人分擔一點，不僅不會累死自己，結果反而能更圓滿。

讓出工作不等於能力不足

「把工作讓出來」是為了要讓每一個人都能有更多的發揮空間！我就曾經看過一位企管顧問業界的前輩，常常每天都要忙到晚上11點才回家，然後在臉書上抱怨自己的身體快被工作拖垮，常常跑醫院、看醫生……但經年累月下來，卻不見他好好的調整工作狀況、試著減少工作量，或是培養接班人來分擔重擔……

我問他：「你為什麼要這麼辛苦？若是因此把身體拖壞了，可是得不償失呀！」他攤攤手，無奈地說：「公司沒有我不行；而且如果我把工作讓出來了，只怕我的位子也岌岌可危呀！」

看著他固執的眼神，我也只能默默地點點頭。

每一個人都有想要的成就感，有時候為了捍衛這些辛苦得來的成就，雖然可能拖垮了身體，但我們也不能單方面的勸說要這些人放手，因為大家考慮的方向不同、要的東西也不一樣。但讓人確信的是，適當的授權與分工，才能讓夢想的版圖更為擴張。每個人的一天都只有24小時，想成就大事，單靠一人之力是很辛苦的，若能有更多人、更多的24小時同時進行，成就豈不是更大，也能更快達成嗎？而且，**有能力、有自信的人，從不擔心「把工作讓出去」這件事呀！**

註2：《挺身而進》原著「雪柔．桑德伯格」，譯者「洪慧芳」，天下雜誌2015年出版

日期

從 1～10 今天有多開心？

1 2 3 4 5 6 7 8 9 10

[02]

放自己一馬，擁抱不完美

責備一無是處的自己，永遠得不到幸福；唯有勇氣認同現在的自己，才能成為真正的強者

——阿德勒

「妳的報告寫好了嗎？」我問同組的同學。

「還沒有，我想要再檢查一遍，讓它更好一點，可以再等我一下下嗎？」同學懇請著。

大學時，每一次跟同學分組寫報告，我總是先寫好的那一個，因為我認為方向是正確的，不會有問題的，就馬上交出去了。雖然當第一個交報告的人來說，風險很大，因為別人總是有多一點的時間再做檢查，但是，對當時的我來說，如果一直花時間在檢查或猶豫上面，反而覺得更浪費時間。

「妳都不擔心老師分數打很低嗎？」同學後來私下問我。

「不會吧？我覺得大方向沒有問題，分數應該就不會差，至少也能有80分吧？我又沒想要拿一百分！」

現在請大家拿出一隻筆和一張筆，用筆在紙上畫出一直線，你需要思考多久才能下筆呢？畫出來的一直線又會是什麼樣子的呢？

在分組演練的時候，我曾經請學員們作過這個測試，發現不同個性的人，對於下筆的思考時間，也會不一樣。怎麼說呢？例如，比較要求完美的人，會在下筆的時候想得比較久，或許會先在腦海裡構圖，才慎重的畫出一直線；而想法較天馬行空的人，就不會想那麼多了，在接受指令之後，很快地就能單純並直接的畫出一直線，甚至有時候為求快速，線可能還會有點歪歪扭扭的。

透過學員的圖畫，我從中將他們簡單的分出「自我要求高標準型」與「速戰速決不拖延型」兩組，然後將他們打散分組，把這兩種性格的人混合在一組裡，意外地發現，這樣混合型的組合，團隊效果竟然更好一點！為什麼呢？因為當自我要求高的人，還在思考的時候，速戰速決不拖延的組員們，就會幫這些人下決定，加快完成的速度，最後再來檢討修正；同時，我們也曾經做過另一個對照實驗，如果全部組員都是同一組的人，那麼兩邊完成事情的效率以及結果都會不如預期。

要求自己且包容別人

在初踏入社會之際，建議最好先了解一下職場的遊戲規則，例如，要有守時的觀念，準時上班、職場倫理要遵守、職位尊卑要顧及、謙卑的工作態度、餐桌禮儀……等等，但是隨著入社會的時間愈長，每個人除了要更嚴以律己之外，對別人也要更能包容、大度，一如古訓說的：「嚴以律己，寬以待人」；同時，經驗也告訴我們，想要成事，人與人之間就需要經過所謂的磨合，先「磨」才能「合」，不是嗎？所以，如果每一個人都以力求完美的標準來要求別人，漸漸地，就會沒有包容別人的空間了。

我還記得我在大學的時候，室友都來自四面八方。一開始，裡面沒有一個人是會做菜的，於是全部的人都開始練習採買、烹調，並且約法三章，不論煮的好不好吃，大家都要相互品嚐對方的手藝……

「好辣哦！妳們家都吃這麼辣嗎？」同學被辣得哇哇叫。

「對啊！我媽喜歡吃辣，所以煮菜的時候，都會加很多的辣椒。」A同學回答。

B同學又有意見了：「你的菜好淡！好像沒有放調味料耶。」

「唉呀，現在重視養生，所以我煮菜都不放鹽巴的。」C同學振振有辭地說出他的道理。

光是一個大學，就宛若一個小型社會的縮影一般，形形色色什麼樣的人都有，何況是一個大眾社會！每個人來自的原生家庭生活習慣都不一樣，對於事情的態度或是處理方法也不會相同，「完美」自是沒有一個定論，所以一定要有更大的肚量，才能包容更多迴異的想法。

不過也因為可以放寬自己的標準，對於人生經驗的提升更有幫助，做人也才能有更多的寬度跟廣度，畢竟我們不是活在自己的世界，人際關係也不會僅僅只有家人，必需要走出去認識並接觸更多不同的人，別人可能會指出你自己都不曾看到的缺點，所以一定要學習去包容別人，別人自然也會接納我們的不完美。

每一個人都有缺點，也都有羞於開口的地方，但不用怕！古人說：「知恥近乎勇。」真正的勇者不是完美主義的人，而是懂得接納別人，包容不完美的人。

—規範始終來自於人性—

經過了少不更事時期的淬鍊，我們也許從小職員昇遷到了中高階主管，從遵守規範的人，變成了訂定制度的人。你是不是也曾想過要訂出所謂的「完美」標準制度？制定規則時的條件，除了來自現有的制度做依據之外，很多時候也是來自個人的性格和經驗，在這裡要提醒你，制度不可能完美，所有的制度都會有漏洞，也因此大多數成功的管理者才會一致地認為：「管理一定要符合人性」，尤其做為一個管理者，越要有同理心，且更要能接受不完美，方能打造一個人性化的管理制度。

再回到前面一開始說的「畫直線」活動，試問，就算每個人都畫了完美的一直線，但卻沒有一個願意推動大家往直線前進的人，那麼這一直線即使畫得再好再完美，又有何用呢？**想要創新就一定會有改造，也可能會有破壞，只要能了解，凡事沒有絕對地完美，也因爲不完美才有更多進步成長空間，就讓我們邊做邊學，開心擁抱不完美吧！**

日期

從 1～10 今天有多開心？

1 2 3 4 5 6 7 8 9 10

[03]

情感獨立愛自己

最能使女人變美麗的，
莫過於相信自己是美麗的
——Loren, Sophia

你有多久沒有讓自己真正的開心了？或許有一個一直都很想去的海邊，卻因為工作繁忙，沒有辦法說走就走；或是以前總能隨心所欲地想吃任何美食，完全不用擔心價格，但現在卻要認真地研究好菜單，才敢踏入餐廳？還是總是羨慕別人有好身材，可以穿得帥氣體面，而自己的鮪魚肚卻越來越大？……這樣的現實面，好像真的很難讓人開心起來呀！

我記得在我剛生完孩子很長的那一段時間裡，上述這些問題如排山倒海似地衝擊著我，單身時的說走就走、錢愛怎麼花就怎麼花的經濟自主……這些都不見了，有了孩子之後，心思時時刻刻被綁住，一時半刻地都捨不得離開孩子，就像在談戀愛一樣，總是患得患失，常常失去了自我。

你是不是也曾像我一樣，注意力總是不自覺地就放在別人的身上，慢慢地，反而愈來愈沒有自己的個性與主張，這狀況最容易發生在談戀愛的時候……

「我好擔心她是不是在生我的氣？」戀愛中的學生跑來找我聊天。

我問他：「你有做了什麼會讓她生氣的事嗎？」

「沒有吧？我也搞不清楚，只覺得她好像不開心，不喜歡我了。」這位學生眼神充滿迷惘。

這麼多年來，每次在遇到有關兩性問題演講的時候，總是會有對愛情患得患失的學員們來問我類似的問題，而我總是笑笑地安慰他們：「這樣的情況很正常呀！這是因為你們雙方都在做自己，現在你們正處熱戀中，對彼此個性都不夠熟悉，才剛剛要更深入認識，所以才會有這麼多的猜測與不安，不要太擔心，真愛是不需要恐懼的。」

由這些例子可見，「失去自我」真的是現代人的通病。

現代人之所以很容易失去自我，主要就是因為「想太多」，為了別人而想得太多。像我以前單身時，經濟獨立、自由自在，總是可以很豪氣的直接表達我想要吃什麼、想要買什麼，只要我能夠負擔得起。

我記得有一次，我帶妹妹去吃了一頓近萬元的大餐，雖然價格不斐，但當下心裡卻很自在，因為開心自己有賺錢的能力，還能有餘裕支付開銷，不用看別人的臉色；情感也是一樣的，當我們看到好笑的電影會盡情大笑，看到快樂的事物會心情愉快，不用擔心別人的想法，更不是為了討好別人，可以自己決定開不開心，這才是真正的開心！

用「我喜歡」取代「我不喜歡」

前不久，遇到了一位很久不見的舊同事，她孩子生得比我晚，但是我發現，她竟已經能穿著漂亮的，而且腰身合宜的時裝，打扮相當時尚，完全看不出來是個生完寶寶沒多久的新手媽媽，看得我十分羨慕，心裡想：「為什麼我們一樣剛生完小孩，她竟可以快速的回復到產前的身材？而我卻……」於是我請教她到底是用了什麼方法。

「把孩子丟給褓母就好了呀！」看她一派輕鬆的跟我說：「當我們有了自己的時間，就能專心在身材恢復和打扮這些事情上，也可以做更多自己想做的事情了啊。」

聽完她的回答，我思考了很久，心裡也很掙扎，因為我太喜歡跟孩子膩在一起了，我沒辦法把孩子丟給褓母。

回到家，我拿出紙筆，把喜歡的跟想要做的事情，一件一件地寫下來……喜歡陪伴孩子一起玩、喜歡看到孩子的笑臉、想要開始運動減肥、想要有時間打扮……漸漸地，我發現我可以把重心拉回到自己身上，做我喜歡的事情，但仍留一些時間給孩子、給老公。一段時間下來，我發現，我的抱怨變少了、心變得輕盈了，因為大部分的時候，我都是做我喜歡以及我想做的事情，不再只是一直在繞著別人、為滿足別人的需要而生活了。

愛自己的前提，是要知道自己想要的是什麼？當一個媽媽可以陪著孩子一起成長，那是多麼快樂的事情呀；陰雨綿綿的日子，可以躲在被窩裡，不用上班，也好令人開心啊！就像我，在遇到那位舊同事之後，也開始想要愛自己，想讓自己也變得美美的，但身材無法立即改變，於是我就從容易的地方開始下手，染個髮，然後每天都畫點淡妝，果真心情也變得開朗許多呢！

忠於所愛，自然有神采

一個人最美麗的時刻，是因為開心而自然散發出來的自信光采，而這樣的能量無關金錢價值，例如，吃到一碗想了很久、一直很想吃的海鮮粥，雖然沒有多少錢，但卻因為是自己喜歡的，所以可以開心很久很久。

培養自己先從這些小地方來養成「愛自己」的習慣，慢慢的就會懂得要如何選擇適合自己的生活模式來照顧自己。每個人就像是一畝田，不能總是期待別人來灌溉，要學會滋養自己，忠於自己、愛自己的選擇，就會愈發活得光采、亮麗有自信，假以時日，一定也能擁有令人無法抵擋的獨特魅力哦！

所以，當下回你又想吃海鮮粥，卻有人建議你：「海鮮粥的膽固醇太高了，小心三高。」的時候，就先別想太多，想吃就去吃吧！自己的人生，別人的建議僅供參考，只要不過份，就先滿足自己，放肆地感受一下蝦子在嘴中彈跳的鮮甜，海膽鮮黃欲滴的美味，讓五感大驚艷！**愛自己，從做自己喜歡的事情開始，不要再容易被別人的情感控制或意見左右，堅持對的事、忠於正確的選擇，即使只是生活小確幸，又何妨！**

日期

從 1～10 今天有多開心？

1 2 3 4 5 6 7 8 9 10

[04]

志同人合，
方能圓滿不委曲

我們要懂得量布裁衣，
如同知道去改變自己來適應環境
——Inge, W.R.

隨著經濟不景氣，現代人每天待最長時間的地方就是辦公室，自然地，相伴最久的人，就是一起共事的同事了。這些曾經一起奮鬥、打仗，也可能相互鬥爭過的夥伴們，究竟有沒有辦法成為我們人生中重要的好朋友呢？

俗話說：「商場上沒有永遠的敵人，也沒有永遠的朋友。」就像我們在《甄嬛傳》裡看到的，一個小小嬪妃要成為一國之母，其中要經歷多少的宮廷鬥爭與血淚心酸，即便曾經是同甘共苦的姐妹，都有可能為了爭寵而一夕翻臉。同樣的，在一個公司裡，難免會拿自己跟其他人做比較，比較公司在福利方面或被主管重視與愛戴程度上的差異，尤其是同一批進公司的人，雖然年紀相仿，可能興趣也差不多，但在大部分的人都想要脫穎而出的心態下，若遇到能有升遷的機會時，亦有可能會為了要受到長官矚目或受主管寵愛，而不小心得罪了人，成為別人明爭暗鬥的對手，在這樣的競爭情況下，想要變成好朋友，還真是不容易呢！

曾經在一場企業內訓演講的時候，問了一下現場的學員：「大家覺得在工作場合裡，最需要的是什麼元素？」

一位剛進公司的新人說：「需要良好的工作氣氛。」

一位中高階主管說：「當然是每一個人都要遵守工作規範，不僅要把分內事做好，也要達到最好的工作績效。」

即將要退休的老鳥則說：「無所謂，盡到本分就好，反正我快退休了。」

不同職位、不同階段，每個人都有不同的意見、想法，沒有誰對誰錯，唯有多觀察，彼此多配合，才能在同一個職場裡適應良好，建立彼此的工作默契。

慎選工作親密戰友

所謂「公司」或是「辦公室」，故名思義就是你每天要花很多時間待在裡面處理公事的地方，所以一定要以工作上的公事為重，別把個人的私事跟情緒帶到公司裡……

「你怎麼了？」同事一大早看到小陳臉很臭的走進辦公室，關心地問。

「沒什麼，剛跟女朋友吵架了，今天有點Monday blue。」小陳用力地把公事包丟在桌上。

「是哦！那還是不要惹你好了，等你心情好了再找我吧！」

結果當天公司有個出貨出了點問題，主管正在釐清責任歸屬的時候，同事恰巧把小陳早上跟女友吵架，心情不好的事告知主管，可想而知，主管對小陳會有什麼樣的評價，輕則數落幾句，重則影響工作去留，尤其現在多數的人，都容易記人缺點，忘人優點，職場更是如此！做好是應該，做錯就麻煩，若因私人情緒而小失大，就真的得不償失了。

如今的工作職場，很多人重視工作氛圍，希望上班都有好心情，才能減少工作壓力！「凡事先為他人著想」雖然是很老派的說法，但直至現今都相當的受用。

有一次，我到一間桌遊公司內訓，發現這家公司有一個有趣的企業文化，就是每天最早到辦公室的人，都會替所有的人檢查當天訓練課程要用到的上課資料。有一天，我忍不住問了當天那位早到的學員：「為什麼你們不論誰早到，都會幫其他人整理上課資料呢？」

學員稀鬆平常地說：「因為先到的人先幫忙檢查，後面來的人就不用擔心了啊。」

原來如此！試想，若是你的戰友也都是這樣貼心的人，會懂得為他人著想，那麼每天上班的時候，你不僅能把省下來的時間，拿去應付其他更多的挑戰，同時，這樣融洽的工作環境與和同事的革命情感，一定也能讓彼此的工作效率更加提高。

在職場裡，大部分是無法自由選擇工作夥伴的，所以會遇到什麼樣的同事完全無法預知，而如何能夠跟每一位同事都合作愉快，不僅靠得是智慧，也需要耐心。當然，在要求別人的同時，對於自己的做事態度也要更能掌握與隨時調整，例如，若是知道自己是一個做事粗心的人，那麼除了在工作時要更加小心仔細之外，也要在同事的包容下，盡快得讓自己做事能想得周全，減少出錯率；或是個性急躁的人，在經過磨合之後，也要能漸漸處世圓融。但若是在短時間內無法立刻就變成這樣的人，該怎麼辦呢？可以從小小的練習開始。例如，我們常常期待別人先幫我們做些什麼，不如開始試著先把自己的部份做完，甚至有時間能再幫他人多做一點，相信只要多練習，一定能愈來愈好！總而言之，**工作要以大局爲重，不要輕易被私人情緒影響；同時，能讓自己在職場裡被磨練得更好，甚至找到正面積極的親密戰友，一起創造更佳的績效，這些對於工作生涯也是相當重要哦！**

用情過深，暗自內傷

我們前面說了，現代人每天待最長時間的地方就是辦公室，同事每天朝夕相處，時間久了自然會有很深的革命情感，也許彼此還會變成有共同興趣、共同話題的好朋友。但是，千萬不要忘了，即使再親密，對於情緒的掌控，還是要有分寸，因為有些人認識時間一長，很容易投入過多私人情感，於是就亂了同事與朋友之間的分際，導致自怨自哀的結果。

最近聽到一首歌，歌詞是這樣唱的：「有些人走著走著就散了……」很多時候，隨著環境的改變、公司的人事改變，人與人之間的關係隨時也是會變的，但是無論怎麼變動，對人以誠相待，凡事盡力做到圓滿，不委曲自己也讓大家都愉快，才是最好的結果。

日期

從 1～10 今天有多開心？

1 2 3 4 5 6 7 8 9 10

[05]

跟任何人都能聊得來

能言善道者唯一要遵守的守則，
是學會傾聽
——Morley

我是世新廣電系畢業的，當年我們這一群同學總是戲稱自己在大學裡十八般武藝樣樣都學過呢！玩笑歸玩笑，說起來，當時在學校，還真是學會了不少的專業技能，包括表演、廣播、說話技巧……等等。

有一次，我去面試一間展覽公司總經理秘書的職位，面試官問我：「在這個工作裡，妳期待自己能有什麼樣的表現？」

「我會努力去學習表達與溝通。」我如實地說。

面試官毫不留情地說：「妳是要學唱歌？還是要學跳舞？工作就是戰場，馬上就要能派上用場。」

經過了這一次面試嚴格的洗禮，我開始認真地去學習「如何清楚表達跟互動溝通」。

「小合姐，怎麼樣才能跟任何人都能談得來呢？」在演講場合裡，很多人問我這樣的問題。

其實在接觸了那麼多的學員之後，我發現，有些人很會熱場，也很會表達，但卻常常達不到預期的效果，這是為什麼呢？原來是因為多數開始學習表達的人，常常是在「自說自話」，什麼意思呢？

「我都掏心掏肺的把說完了，為什麼對方都不跟我說真心話？」

「為什麼他都說出了他的意見，但其實心裡又是另外一種想法呢？」……

這是我的一個朋友在每次因為搞不清楚主管的指令而感到迷惑時的抱怨，但她卻永遠不知道，這些狀況其實都是源自於她不懂得如何表達自己的真正意見所致，所以她不論是在工作上、生活上都出現與他人溝通不良的情況。

其實「聊天」真的很簡單！只需在發言前先想想你的聊天對象是誰？話是要說給誰聽的？因為若是沒有弄清楚對象或沒搞對說話重點，對方當然聽不進去你說的話，也聽不懂你到底要表達的是什麼？即使你說得口乾舌燥，一切也都是徒然。

也許，我們每一次說話的目的，不見得都要帶有「說服性」，只是，既然開了口，就要讓對方願意聽妳說話，所以，除了要注意用字遣詞和語氣音量等外在條件，重要的是必須考慮你的聽眾是誰？想聽什麼？若是再加上生動的臉部表情和肢體動作，這聊天才真能堪稱完美。

一個眼神、一個動作，都能讓聊天更生動

有一個學員問我：「我好害怕跟別人聊天，可是又想要認識新朋友，能有好人緣，我到底該怎麼辦？」

「為什麼會害怕呢？」我問她。

「因為我很怕講錯話，說話的時候也不知道眼睛要看哪裡？手要放在哪裡？」他害羞地回答我。

其實不光是這位學員，我相信許多的人都曾遇到這樣的問題，但這反應是正常的，畢竟我們都沒有受過專業的說話訓練，但這些只要透過練習，問題就能迎刃而解。

想要能夠自然地跟別人互動與交流，有幾個重點要掌握：

首先，眼神很重要！在跟別人說話時，一定要「四目相交」才夠誠懇！時下很多人在說話的時候，根本也沒在注意對方的反應，更別說眼神的交流了。但因為眼神能夠傳達心情，像若是對方心裡有不確定的答案，或是分心想其他事情的時候，眼神就會忽左上忽右上地飄；而若是害羞、沒有自信的人，眼神則容易往下飄，或是閃躲……由眼神就能知道對方的狀態。

真正的聊天高手，單從一個眼神就能察覺對方的心思，所以說話時，一定要注視彼此的眼睛，直視對方，眼神切忌飄來飄去，讓別人誤以為有不誠懇的感受。

另外，不論對方說了什麼，我們不一定要「回話」，但是一定要有「回應」；如果真的遇到不想回答的狀況，點頭微笑就好，也是一種互動，因為「微笑」是共通的語言，有時候會比言語擁有更大的力量與涵義。例如，燦爛地咧嘴笑，給人感覺真誠；抿嘴微笑，表示莊重的態度，千萬不要皮笑肉不笑的，讓人感覺輕浮、敷衍，不舒服。

想要跟任何人都可以聊得來，是來自於一顆沉穩的心和經過練習後的內斂態度，只要能讓人感覺到你的真誠，跟你說話很舒服愉快，相信任何人都會樂於傾聽你說話，也願意和你侃侃而談。

伺機而動，聊天才能最熱絡

「我很不喜歡參加有很多老人家的活動，因為他們都會一直搶麥克風！」

「我也不喜歡跟年輕人聊天，總是夾雜很多的流行語，我聽不懂。」……

這些問題是我總結了在許多的大大小小演講場合裡，課後常常會聽到的問題。

為了解決這些共通的疑難雜症，我特別歸納出一些小秘訣跟大家分享！

你想成為受歡迎的「人氣王」嗎？那麼不妨先當隱形人吧！什麼意思呢？就是當你穿梭在人群中時，暫時先不要說話，等聽到大家開始聊天，有話題的時候，再過去搭話。開始的時候，不要說太多，可以像周杰倫那樣，簡單的：「嗯嗯！不錯哦！」就好了，等到那氛圍起來了，大家都一言一語的打開話匣子了，這時你再直接切入話題裡，引導大家進入想要聊天的正題，可能是天氣、工作、生活……等等，如果在過程裡，你還可以一直保持著像跳舞般一進一退的節奏，那麼很快也很容易地，你就可以融入團體裡跟大家打成一片，同時還能避當冷場王哦！

「跟任何人都能聊得來」是軟實力的一種，也是提升個人自信的方式，大家不妨找機會把這些方法親自試一試，說不定你也能聊出好人緣、聊出好機會哦！

附錄：日日好日，讓光進來，人生不厭世

閉上眼睛……想像一下，你看到什麼？什麼樣的景緻或人事物，會讓你感到平靜、歡喜，嘴角不自覺上揚？

是久違讓你感到思念的人？

是讓人看了就心曠神怡的美麗花海？

是人生中的夢想成就？

當你一字一句清楚地描述出來時，心是不是也跟著悸動、開心起來了呢？對了，這就是冥想的力量！每天早晨，若能花個一分鐘，也許可以在床上，或是找一個舒服椅子坐下，透過冥想練習，告訴自己：「今天，我很好！」充滿愉悅自信，再出發。

—幸福，是一種生活禪—

有一天，我經過一個三合院的門口，門上貼了一幅對聯，上面寫著：「有天皆麗日，無地不春風。」這一句話，讓我相當有感。於是我被吸引著在門口站著看了一會兒，正細細品味這一句話的同時，空氣中一股微風突然送來一股迷人的桂花香

氣，當下真讓我有如沐春風之感呀！此後，只要每遇到不開心的事，我就會想起這一句話，鼓勵自己；想起當時的感受，讓自己心情好起來。

在資訊爆炸的時代，每個人每一天都要接收和消化很多的訊息，龐大而複雜，無形中，身體便累積了許多的壓力或負能量而不自知。日積月累的，人就會覺得愈活心愈累、愈無力，不論是在生活、家庭、職場或人際各方面，「厭世哲學」儼然成一股潮流。

日子再難過，還是得好好過！如何讓自己覺得日子好玩、幸福，可以有很多不同的方式。在《過得還不錯的一年》（早安財經）一書中，有提到幾個很有趣的方式，你可以試一試。先問問自己，你每日所謂的「好玩」有哪幾種類型？是挑戰型的好玩，讓自己偶爾脱離一下正常的生活軌道，找一些日常生活不會做的事情來挑戰；或是為自己的家留一點混亂，先不急著處理，等到有空再來整理……先從「別把生活過得一成不變」開始。

＊

我最近去上烘焙課程，發現現在好多人都喜歡上烘焙課，但都並不是真的想要去當烘焙師傅，或是創業當老闆。是大家都覺得，在烘焙的時候，看著它從麵團，變成了麵包、糕點，就超有成就感；學會了最簡單的，就再加一點挑戰！畫個花，增加一點變化……送進烤箱後，每個人站在烤箱前期待看到成品的模樣，然後當作品出烤箱，每個人臉上的驚喜與滿足，透過「哇～～」的一聲，表露無遺。為了這樣的成就感，我們烘焙班裡的每個人，每一次來上課都很認真，甚至時時投入的都忘了家裡還有孩子跟老公在等著呢！歡樂的時間果然過得特別快。

現在，我學會了烘培，三不五時就在家裡試烤這個、試做那個的，然後再和家人們一起分享，頓時生活裡多了好多幸福的因素呢！你呢！有什麼事是你一直沒有嘗試過的，也覺得自己想去做的嗎？不妨試試看吧！說不定你也會和我一樣發現，原來，我也可以，而且做得很好呢！

只有自己最清楚能讓自己感覺幸福的方式，重點是，一定要去執行，幸福才會愈來愈靠近。

不聊正經事的朋友

前幾天，一個大學同學約了我喝下午茶。這一天到晚在世界各國旅行的她，終於回台灣落腳，我們也終於能敘舊。在聚會裡，我們除了簡單交換彼此近況，其他所有時間聊的盡都是八百年前大學時期的陳年舊事、八卦回憶……一個下午，就在歡聲笑語裡度過。在回程的車上，我的心情非常的快樂，仔細回想，我們兩個人聊了些什麼？好像沒聊什麼正經事，就是不斷地回憶愉快的過往罷了，可是一下午都心情好好，然後好心情也一直發酵延續，回家看到孩子、老公，還覺得特別可愛呢！

生活裡，一定要有幾個像這樣不一定要聊正經事，也不一定要抱怨、吐苦水，即使隨便亂聊也開心的朋友，彼此都可以藉機放鬆放鬆，開心一下。而且根據健康數據統計，聊天不僅可以消耗熱量，還能紓壓，一舉兩得呢！

現代人要面對的人生挑戰有太多了，我們不可能一直過著太規律的生活模式，一定調整自己，隨時彈性變化；同時，挫折、壓力在所難免，但如何寬心以待，適時轉念，別讓生活愈來愈無感才是最重要的！「我很好」不是逞強，而是在面對困境時，仍能一邊療傷，一邊成長，只要你願意嘗試改變，就很好。

療癒系 007

愛自己的 31 個練習

作　　者　蕭合儀
顧　　問　曾文旭
出版總監　陳逸祺、耿文國
主　　編　陳蕙芳
執行編輯　翁芯琍
封面設計　李依靜
內文排版　王桂芳
圖片來源　紀仲祥；圖庫網站：Shutterstock
法律顧問　北辰著作權事務所

印　　製　世和印製企業有限公司
初　　版　2023 年 05 月
本書為《今天，我很好！生活、工作、人際的31個日日好日幸福策略》之修訂版
出　　版　凱信企業集團 - 凱信企業管理顧問有限公司
電　　話　（02）2773-6566
傳　　真　（02）2778-1033
地　　址　106 台北市大安區忠孝東路四段 218 之 4 號 12 樓
信　　箱　kaihsinbooks@gmail.com

定　　價　新台幣 330 元 / 港幣 110 元
產品內容　1 書

總 經 銷　采舍國際有限公司
地　　址　235 新北市中和區中山路二段 366 巷 10 號 3 樓
電　　話　（02）8245-8786
傳　　真　（02）8245-8718

國家圖書館出版品預行編目資料

愛自己的 31 個練習／蕭合儀著 . -- 初版 . -- 臺北市 : 凱信企業集團凱信企業管理顧問有限公司 , 2023.05
面； 公分
ISBN 978-626-7097-74-8(平裝)

1.CST: 人生哲學 2.CST: 生活指導

191.9　　112004732

凱信企管

用對的方法充實自己，
讓人生變得更美好！